大自然游踪

诗情画意山水恋

黎先耀 梁秀荣 高桦 **主编**

广西科学技术出版社

图书在版编目（CIP）数据

大自然游踪 / 黎先耀，梁秀荣，高桦主编．—南宁：广西科学技术出版社，2012.8（2020.6 重印）
（绿橄榄文丛）
ISBN 978-7-80666-220-5

Ⅰ．①大… Ⅱ．①黎… ②梁… ③高… Ⅲ．①环境保护—普及读物 Ⅳ．① X-49

中国版本图书馆 CIP 数据核字（2012）第 192544 号

绿橄榄文丛
大自然游踪
DAZIRAN YOUZONG
黎先耀　梁秀荣　高桦　主编

责任编辑：黎志海　　**封面设计：**叁壹明道
责任校对：陈业槐　　**责任印制：**韦文印

出 版 人　卢培钊
出版发行　广西科学技术出版社
（南宁市东葛路 66 号　邮政编码 530023）
印　　刷　永清县晔盛亚胶印有限公司
（永清县工业区大良村西部　邮政编码 065600）
开　　本　700mm × 950mm　1/16
印　　张　16
字　　数　206千字
版次印次　2020年6月第1版第 4 次
书　　号　ISBN 978-7-80666-220-5
定　　价　29.80 元

卷首篇

中国人与山水

罗　兰

中国人对山水的看法和西方人有所不同。中国人游山玩水，是持着纯欣赏的态度，而不是持着运动的态度；而西方人则是抱着健行和征服的“壮志”。现在我们也有了这风气。

过去中国人谈游山，从未见有人说他“征服”了某个冰封雪冻的高山而引以为傲。中国人游山是欣赏它的深邃幽渺、高不可攀、深不可测的含蓄之美，所以说是“寻幽探胜”。“寻”与“探”，都意味着一种小心翼翼的赞叹激赏之情，即使不得不越过穷山恶水，也并不以自己此举是一种“征服”。

中国人对山的欣赏，是欣赏它林木森森的含蓄，和人迹罕至的空灵。唐代诗人常用山林来造境，以表达他们的禅思和对大自然的喜爱。因此，他们笔下的山是：“石泉淙淙若风雨，桂花松子常满地”的生机，“只在此山中，云深不知处”的幽谧，是“落叶满空山，何处寻行迹”的隐逸，是在人世的生活中，奋斗浮沉之余，给自己的心灵寻访一个自由逍遥、无人干扰的空间，使人间桎梏得到解脱。所以，中国人游山是纯然精神上的快乐与解脱，绝无一丝欲要“征服”而后快的敌意。

寒山子有诗形容他被认为隐入寒岩的实际境界是：

君问寒山道，寒山路不通。

夏天冰未释，日出雾朦胧。

似我何由届，与君心不同。

君心若似我，还得到其中。

人们不去体会他这首偈语般的诗，而误以为他真的隐入寒岩去了。于是，美国“嬉皮”起而仿效，结果无劝而返。

寒山子并没有去“征服”寒岩，他的“隐入寒岩”是“与君心不同”。所以你要问他“似我何由届”，那就不懂得中国人所重视的“心境”了。“隐”是心的事，而不是实际行动的事。没有人能在“夏天冰未释，日出雾朦胧”的寒岩生存。寒山子只是不想让人知道他在人世间的某一个角落，避开扰攘纷争的纠缠而已。

如果他真是能在寒岩生存，那他岂不就是今天世界上的登山专家，可以去征服额非尔士峰而毫不费力了？但那又岂是中国诗哲所赞赏追求的境界？

中国诗人都爱山，“五岳寻仙不辞远”，而他们的态度是谦和的，心情是轻松的，出发点是爱与诚服的。他们不觉得山有去“征服”的必要。除非你是像西方侵略者那样，要去别国的边境，偷偷插上一面属于自己的国旗。那便不是游山，也不是健行，而变成侵略与偷袭了。

再看中国人对水的态度，也与西方人有所不同。我常觉得中国人都是天生的道家，而道家哲学的具体象征就是“水”。从老子的“上善若水，水善利万物而不争”到“江海所以能为百谷王者，以其善下之”，到庄子的秋水篇，借河伯与海若来比喻见识的小与大，渔父篇，借江上渔父来象征一种不屑世俗仪节的超然，都是用“水”来给人造成浩阔博大的思想境界，然后才对照出个人的渺小。因此，中国人游山玩水的“玩”，是“玩味”的“玩”，而不是介入其中的玩。文人乘月泛舟，静态多于动态，用心灵多于用体力。最高境界的“玩水”，是像苏东坡《赤壁赋》里的玩法，是静观的。由观赏“澄江似练”和“月出于东山

之上，徘徊于斗牛之间”而想像到自己可以“羽化而登仙”，最后体悟到“逝者如斯，而未尝往也，盈虚者如彼，而卒莫消长也，盖将自其变者而观之，则天地曾不能以一瞬，自其不变者而观之，则物与我皆无尽也……”的哲思。用这种哲思来面对世界宇宙，则不会演变成杀伐默武或破坏自然生态的可怕结局。

中国人是天生的哲学家。我们几乎可以从日常一切活动之中提炼出令人感动的意义。即使游玩，也不强调表面的体力活动。历来文人与武人都不鼓励匹夫之勇，诗人李白好任侠，喜登山，却不曾听说他夸耀过自己“征服”了多少山头，而只说“五岳寻仙不辞远，一生好入名山游”。他爱水，“举杯邀明月，对影成三人”，甚至传说他醉后想向水中捞月而淹死，不曾听说他创了游过某条长河的纪录。他们饮酒是为赋诗，游山是为了寻真，玩水是为了旷怀，郊游是为了陶冶性灵。著名登山旅行家徐霞客或许比较特殊，他是为了探寻地理风貌，不是纯欣赏，但也未闻他以“征服某山”自我夸耀，他只是向大地求知而已。

中国人欣赏山水的态度也可以从山水画中看出。世界各国的画家，除日、韩等亚洲国家，受中国的影响，有专门的山水画家之外，西方国家并不以山水画作为一个画派，这也说明了东西方对世界的看法角度之不同。国画中绝少穷山恶水，纵使孤峰插云，仍不会给人险恶的感觉。多数山水画，在层峦叠嶂之间，细看总有曲径通幽，所谓“已通樵径行还碍，似有人声近却无”。在涧水之上，或有小桥可通山径，隐约可达茅屋一椽，想像当是隐者的居处。即使怪石嶙峋，仍有草木点缀其间。雪景则温柔如堆絮，故宫博物院收藏的后人临摹王维的“雪石图”、燕肃的“寒岩积雪图”，都只使人觉得幽静之至，却又深藏着生机，而不使人感到惊惧可畏、望而却步。五代人所绘“雪渔图”中的渔父，在水滨竹林间，冒雪瑟缩，画家却把他的衣服衬以彩笔着色，立刻使人感到寒中有暖，这渔父，不是无家可归，而是中国古人借艺术所表达的对世界的善意与爱惜，显现温柔敦厚之美。使人无论读诗看画，在孤高超诣之中却能感到无限的温馨与安慰。说明尽管文人雅士向往离群索居的隐逸生涯，却并不是真的厌恨人间。王维的《终南别业》，虽然“终年无客常闭关，终日无心常自闲”，但是仍然邀约好友“可以饮酒复垂钓，君但能来相往还”。

你也许会说，那是因为写诗作画的人是文人的缘故，所以不以攀登高山强调勇气与体力。不过，如果你细读中国各式武侠小说，其中却不乏山中的高人隐士、武林的大侠。他们隐居山林，志节高韬，是武人中的智者，其生活情调典雅悠闲，是中国人对侠客最崇仰一项因素。武人也不逞匹夫之勇。武侠不说中之逞强斗力的角色都是配角。在中国武人心中，大自然的动作，也是以自然为宗师之一例。

“征服”山头，是人与自然站在敌对立场上来显示人类的强大。事实上，人类只可以“到达”某些山头，却并不能“征服”它。中国诗人笔下的“寻幽探胜”是“认识”二字的美化。

用“征服”的心情，专找穷山恶水去冒险，和中国式的游山玩水，在趣味上和格调上，是截然不同的两回事。前者是敌对，后者是爱惜。

人类登月是伟大的成功，但与其说这是“征服”了月亮，不如说是超越了自己，创造了历史，并进一步了解了大自然。因为月亮上尽管有了人类的足迹，但在人类的世界里，仍然是“何处春江无月明”。

人类有史以来，确实克服了无数自然界的阻力，创造了文明，这是值得夸耀的一面但人类真正的成功，还是要与自然合作而善用自然。因“征服”而贬损了对自然界的欣赏，固非人类之福；因“征服”破坏了自然界运行的秩序，恐怕更是人类之祸了。

目　录

一、山水登临

二、江海泛流

三、园囿赏美

四、探险考察

五、生态博览

一、山水登临

黄山小记

菡　子

黄山在影片和山水画中是静静的，仿佛天上仙境，好像是在什么辽远而悬空的地方；可是身临其境，你就可以看到这里其实是生气蓬勃的，万物在这儿生长发展，是最现实而活跃的童话诞生的地方。

从每一条小径走进去，阳光仅在树叶的空隙中投射过来星星点点的光彩，两旁的小花小草却都挤到路边来了；每一棵嫩芽和幼苗都在生长，无处不在使你注意：生命！生命！生命就在这些小路上。我相信许多人都观看过香榧的萌芽，它伸展翡翠色的扇形，摸触得到它是“活”的。新竹是幼辈中的强者，静立一时，看着它往外钻，撑开根上的笋衣，周身蓝盈盈的，还罩着一层白绒，出落在人间，多么清新。这里的奇花都开在高高的树上，望春花、木莲花，都能与罕见的玉兰媲美，只是她们的寿命要长得多。最近发现的仙女花，生长在高峰流水的地方，她涓洁、清雅，穿着白纱似的晨装，正像喷泉的姐妹。她早晨醒来，晚上睡着，如果你一天窥视着她，她是仙辈中最娇弱的幼年了。还有嫩黄的“兰香灯笼”——这是我们替她起的名字，先在低处看见她眼瞳似的小花，登高却看到她放苞了，成了一串串的灯笼，在一片雾气中，她亮晶晶的，在山谷里散发着一阵阵的兰香味，仿佛真是在喜庆之中。杜鹃花和高山玫瑰个儿矮些，但她们五光十色，异香扑鼻，人们也不难发现她们的存在。紫蓝色的青春花，暗红色的灯笼花，也能攀山越岭，四处

从生，她们是行人登高热烈的鼓舞者。在这些植物的大家庭里，我认为还是叶子耐看而富有生气，它们形状各异，大小不一，有的纤巧，有的壮丽，有的是花是叶巧不能辨；叶子兼有红、黄、紫、绿各种不同颜色，就是通称的绿叶，颜色也有深浅，万绿丛中一层层地深或一层层地浅，深的葱葱郁郁，油绿欲滴，浅的仿佛玻璃似的透明，深浅相间，正构成林中绚丽的世界。这里的草也是有特色的，悬岩上挂着长须（龙须草），沸水烫过三遍的幼草还能复活（还魂草），有一种草，每 50 千克草可以炼出 1.5 千克的铜来，还有仙雅的灵芝草，竟然也长在这儿，不知可肯屈居为它们的同类？黄山树林中最有特色的要算松树了，奇美挺秀，蔚然可观，日没中的万松林，映在纸上是世上少有的奇妙的剪影。松树大都长在石头缝里，只要有一层尘土就能立脚，往往在断崖绝壁的地方伸展着它们的枝翼，塑造了坚强不屈的形象。“迎客松”、“异萝松”、“麒麟松”、“凤凰松”、“黑虎松”，都是松中之奇，莲花峰前的“蒲团松”顶上，可围坐七人对饮，这是多么有趣的事。

鸟儿是这个山林的主人，无论我登多么高（据估计有两万石级），总听见它们在头顶的树林中歌唱，我不觉把它们当作我的引路人了。在这三四十里的山途中，我常常想起不知谁先在这奇峰峻岭中种的树，有一次偶尔得到了答复，原来就是这些小鸟的祖先，它们衔了种子飞来，又靠风儿作媒，就造成了林，这个传说不会完全没有道理吧。玉屏楼和散花精舍的招待员都是听“神鸦”的报信为客人备茶的，相距数十里，聪明的鸦儿却能在 1 个小时内在这边传送了客来的消息，又飞到另一个地方去。夏天的黎明，我发现有一种鸟儿能歌善舞，它像银燕似的自由飞翔，忽上忽下，忽左忽右，我难以捉摸它灵活的舞姿，它的歌声清脆嘹亮、委婉动听，是一支最亲切的晨歌，从古人的黄山游记中我猜出它准是八音鸟或山乐鸟。在这里居住的动物最聪明的还是猴子，它们在细心观察人们的生活，据说当年新四军、游击队在这山区活动的时候，看见它们抬过担架，它们当中也有“医生”。一个猴子躺下，就去找一个猴医来，由它找些药草给病猴吃。在深壑绿林之中，也有人看见过老虎、蟒蛇、野牛、羚羊出没，有人明明看见过美丽的鹿群，至今还能描述它们机警的眼睛。我们还在从始信峰回温泉的途上小溪中捉到过13条娃娃鱼，它们古装打扮，有些像《梁山伯与祝英台》中的书童，头上一面一个圆髻。一定还有许多我不知道的动物，古来号称五百里的黄山，实在还有许多我们不能到达的地方，最好有个黄山的勘探队，去找一找猴子的王国和鹿群的家乡以及各种动物的老窠。

从黄山发出最高音的是瀑布流泉。有名的“人字瀑”、“九龙瀑”、“百丈瀑”并非常常可以看到，但是急雨过后，水自天上来，白龙骤下，风声瀑声，响彻天地之间，“带得风声入浙川”，正是它一路豪爽之气。平时从密林里观流泉，如丝如带，缭绕林间，往往和飘泊的烟云结伴同行。路边的溪流淙淙作响，有人随口念道：“人在泉上过，水在脚边流。”悠闲自得可以想见。可是它绝非静物，有时如一斛珍珠迸发，有时如两丈白缎飘舞，声貌动人，乐于与行人对歌。温泉出自朱砂，有时可以从水中捧出它的本色，但它汇聚成潭，特别在游泳池里，却好像是翠玉色的，蓝得发亮，像晴朗的天空。

在狮子林清凉台两次看东方日出，第一次去迟了些，我只能为一片雄浑瑰丽的景色欢呼，内心漾溢着燃烧般的感情，第二次我才虔诚地默察它的出现。先是看到乌云镶边的衣裙，姗姗移动，然后太阳突然上升了，半圆形的，我不知道它有多大，它的光辉立即四射开来，随着它的上升，它的颜色倏忽千变，朱红、橙黄、淡紫……它是如此灿烂、透明，在它的照耀下万物为之增色，大地的一切也都苏醒了，可是它自己却在通体的光亮中逐渐隐着身子，和宇宙融成一体。如果我不认识太阳，此时此景也会用这个称号去称赞它。云彩在这山区也是天然的景色，住在山上，清晨，白云常来作客，它在窗外徘徊，伸手可取，出外散步，就踏着云朵走来走去。有时它们弥漫一片使整个山区形成茫茫的云海，只留最高的峰尖，像大海中的点点岛屿，这就是黄山著名的云海

奇景。我爱在傍晚看五彩的游云，它们扮成侠客仕女，骑龙跨凤。有盛装的车舆，随行的乐队，当他们列队缓缓行进时，隔山望去，有时像海面行舟一般。在我脑子里许多美丽的童话，都是由这些游云想起来的。黄山号称七十二峰，各有自己的名称，什么莲花峰、始信峰、天都峰、石笋峰……或象形或寓意各有其肖似之处。峰上由怪石奇树形成的“采莲船”、“五女牧羊”、“猴子观桃”、“喜鹊登梅”、“梦笔生花”等，胜过匠人巧手的安排。对那连绵不绝的峰部，我愿意远远地从低处看去，它们与松树相接，映在天际，黑白分明，真有锦绣的感觉。

漫游黄山，随处可以歇脚，解放以后不仅“云谷寺”、“半山寺”面目一新，同时保留了古刹的风貌，但是比起前后山崭新的建筑如“观瀑楼”、“黄山宾馆”、“黄山疗养院”、“岩音小筑”、“玉屏楼”、“北海宾馆”管理处大楼和游泳池等，又都是小巫见大巫了，上山的路，休息的亭子，跨溪的小桥，更今非昔比，过去使人视为畏途和冷落荒芜的地方，现在却像你的朋友似地在前面频频招手。这些建筑都有自己的光彩，它们新颖雄伟，使黄山的每一个角落都显得生动起来。这里原是避暑胜地，酷暑时外面热得难受，这里还是春天的气候。但也不妨春秋冬去，那里四季都是最清新而丰美的公园。

古今多少诗人画家描写过黄山的异峰奇景，我是不敢媲美的。旅行家徐霞客说过：“五岳归来不看山，黄山归来不看岳。”我阅历不深，只略能领会他豪迈的总评，登在这里的照片，我也只能证明它的真实而无法形容它的诗情画意，看来我的小记仅是为了补充我所见所闻而画中看不到的东西。

武夷九曲

董 直

故乡崇安是福建北部的一个偏僻山城，风景幽美，物产丰饶，在闽北各县中可谓得天独厚，素有“金崇安”之称。山明水秀的武夷山就在县城之南，也就是驰名中外的武夷茶产地。米也有大量生产，除供本县民食之外，还有余粮运销福州，故有“福州两收，无米过中秋；崇安收一收，有米下福州”的歌谣（福州的水田种两季稻，收获两次）。此外还有木材、香菰运销福州，纸则运销杭州。

说到武夷的风景，那绵延不绝的层林叠嶂，那迂回曲折的九曲溪流，真是极尽山光水色之美。凡是到过武夷的，莫不赞赏其山水，未到过武夷的，莫不向往其风景。我虽不敢说“武夷山水甲天下”，但说“武夷山水甲福建”当非过誉。

武夷群峰，北自赤石镇，南迄星村镇，绵亘 60 千米，峰峦起伏，有如万马奔腾，气象万千，有的巍峨雄伟，有的瑰丽清秀。有的峥嵘险峻，有的嶙峋诡异，有的危崖千仞，有的峭壁干霄，一座座的矗立在九曲溪流的两岸，互相配合，织成无数幅锦绣天成的图画。

九曲溪流乃武夷溪的主流，其上游发源于桐木关，经程墩、曹墩（笔者的出生地）而至星村，自星村始，两岸冈峦缭绕峙列，溪随山转，蜿蜒曲折形成九曲，故名；至赤石与崇安大溪汇合。水域虽不广阔，风景却极幽美，且变幻无穷，深水成潭，浅水成滩，峰岩之间，复有十八

涧穿插其间，因此又有九溪十八涧之称。有些地方，礁石罗列，水流湍急，山风怒号，波涛汹涌，银珠飞溅，金光耀目，蔚为壮观。有些地方，则水平如镜，深不可测，碧绿的潭水，葱翠的峰峦，与蔚蓝的天空，悠悠的白云，相映成辉。有些地方，水仅及踝，清澈见底，溪底鹅卵石历历可数，水声淙淙，鸟鸣啾啾，和成大自然的交响曲。有些地方，两岸茶园连绵，金黄色的土壤，衬托着青翠的茶丛，明丽悦目，令人心旷神怡。有些地方，两岸悬崖高耸，峭壁千仞，山沉寂，水无声，一片宁静，远山如黛，近水如镜，置身其间，如入仙境，令人有超尘脱俗之感。有的地方，烟雾弥漫，山峰若隐若现，恰似“山在虚无缥缈间”的诗境。有的地方，溪水悠悠而流，却被前面的山峦挡住了去路。只见沿着山麓转一个弯，又进入豁然开朗的境界，正是“山重水复疑无路，柳暗花明又一村”的写照。总之，九曲溪流沿途的景色，真是说不尽的诗情画意！

九曲两岸的名胜，计有三十六峰，七十二岩。

这些峰岩之中，最负盛名的有下列几处：

大王峰：状如大王纱帽，故称大王峰，又名纱帽峰。悬岩绝壁，底部狭小，岩顶则广阔平坦。本县巨富朱、万、潘三姓都在岩顶筑有别墅，广厦连栋，可住二三百人。从前县境内偶有逃兵过境或土匪入侵，三姓即举家携带珍宝财物避居岩上，俟事平始返。因岩下至岩顶，仅有一条小径可通，小径系就岩壁凿成阶梯，只能容一人行进。另有悬岩突出之外，架设一座天车（辘轳），老幼均坐天车而上。岩顶入口处有一石板门，关闭之后，任何人无法进入，诚有“一夫当关，万夫莫敌”之概。岩顶除了房屋之外，尚有园地可种蔬菜，又有自备中药药房。最妙的是，岩顶只有一窟泉水，虽然只是一个窟窿，泉水却源源而来，并且不论岩上住多少人，泉水总是取之不尽，用之不竭。因此在岩上住上数月，不仅饮食不虞匮乏，即医药亦不成问题，真是最好的避难所。

玉女峰：三峰并立，状如仕女，中峰略高，好像仕女的头部，两旁二峰则如肩部下垂；岩身光滑，惟中峰顶上长着两三棵树，酷似仕女头戴簪花。此即玉女峰命名之由来。关于大王、玉女两峰，故乡还有一段传奇的神话，说是大王与玉女谈情说爱，有一次正在兴浓之际，忽被铁板鬼打断了，因此有“大王对玉女，遇着铁板鬼”的歌谣。原来大王峰与玉女峰遥遥相对，铁板嶂正好在两峰之间。

大藏峰：峭壁千仞，岩顶有穴数孔，横插木板多块，一端露出穴外；置有棺木，乡人称为“虹桥板”。

另外尚有一岩（已忘其名），也是峭壁千仞，壁上有数孔穴，穴中有稻草，乡人称为“牛栏菅”（土语称稻草为菅，意即牛舍中的稻草）。也不知历时若干年代，稻草如故。兹处峭壁既无人能攀登，亦无鸟兽巢穴之迹象，稻草从何而来？乡人推测是早年洪水冲来的，但何以历久而不腐？也很奇妙！

天心岩：上山的道路是整齐的石阶，岩上有大佛寺，巍峨瑰丽，画栋雕梁极富寺庙建筑艺术之美。寺内有僧徒千人，分工合作，各有专司。产茶甚丰，且品质特优，又有稻田菜圃，故生活能自给自足。著名的“大红袍”茶，即产于此岩。此茶仅有一丛，植于一小岩洞口，岩上恰好有一眼泉水，终年不绝的灌溉在茶丛上，也许就是因为这样得天独厚，所产茶叶焙制后，其味竟驾于其他品类之上，且可泡七八次而仍不失其清香，说者谓为武夷灵气所钟，寺僧于每年采制之前，必先诵经礼佛，仪式隆重；因此更使此茶蒙上神秘色彩。此茶每年只产数两，寺僧视为珍品，专供送礼之用，外间绝无出售，各地茶店所标榜的“大红袍”，全属赝品。

游武夷有水陆两路：水路就是乘坐竹筏游九曲溪（九曲溪虽然也可通行小舟，但舟有蓬，阻挡视线，不若坐在竹筏上，上至苍穹，下迄溪底，以及四方八面的峰峦，都可一览无遗）。陆路只有徒步登山。最好是水陆并行，从赤石镇雇一竹筏，自第一曲逆流而上，竹筏在逆水中缓缓而行，可以从容地浏览沿溪景色。每到著名的峰岩或名胜古迹，即舍

筏登岸，畅游一番，然后再乘竹筏前进，直至九曲尽头。如是，沿途的山光水色既可饱览无遗，又有休息机会。如果自星村镇乘竹筏顺流而下，那又是另一番情景：忽而竹筏到了滩头，在惊涛骇浪中疾驶而下，就像离弦之箭，直冲如飞，大有“两岸猿声啼不住，轻舟已过万重山”的情趣；坐在筏上，但觉凉风刮耳，眼看筏头和两侧的水花像撒珠般飞洒，非常快意。忽而又在翠嶂环绕、水平如镜的深潭上，这时筏夫只用竹篙轻轻地点着水面，让竹筏悠悠地行进，你可以欣赏反映在潭里的白云，随着粼粼的水波而变化，也可以尽情欣赏两岸的景色，倾听山中传来的鸟声，悠悠逍遥，宛若置身仙境。

庐山观瀑

金　涛

我们乘一艘小艇，在碧波荡漾的鄱阳湖转悠了一个上午，当火辣辣的太阳晒得甲板发烫的时候，小艇“知趣”地掉转船头，朝着湖滨的星子县城返回了。就在这一瞬间，我的视线突然被县城背后的那座秀丽而雄伟的高山吸引住了。

眼前的这座越来越近的高山，就是我熟悉而又陌生的庐山。从山南的方向观看它的容颜，这还是第一次。此刻，庐山酷似一幅逼真的油画，笼罩着一层淡淡的紫色烟霭，在盛夏灼热的阳光下显得那么庄重，那样静穆，有一种令人敬畏的神秘感。

很久以前就有“庐山之美，在于山南；山南之美，在于秀峰”的说法。此刻，在小艇的甲板上，如同“采菊东篱下，悠然见南山”的陶渊明，我无意间窥见了庐山那最美丽、最动人的姿容，那影影绰绰的嵯峨的峰峦和幽深的峡谷，那飘逸潇洒、似烟非烟的云雾，使我如醉如痴。渐渐地，我的目光像调整了焦距的镜头，凝聚在双峰之间悬挂的一线闪闪发光的银带上了。

山巅的云雾时而把太阳吞没，时而又像经受不住炎热似地把太阳“吐”出来，远处山峦上那垂直下悬的银练不时闪烁着，在深色的背景上显得异常耀眼。不错，那是一条颇为壮观的飞瀑，我从望远镜中看清了它那奔泻而下的雄姿。这时，不知是谁在身旁告诉我，那就是著名的

开先瀑布，我不禁“啊”了一声，呆住了。

开先瀑布，多么熟悉的名字啊。1000多年前，唐代诗仙李白云游天下，访奇探胜。他来到庐山脚下，遥看开先瀑布，曾经写下了千古绝唱《望庐山瀑布》：“日照香炉生紫烟，遥看瀑布挂前川，飞流直下三千尺，疑是银河落九天。”在另一首诗中，诗人更以豪放的激情，细致入微地描绘了那造化天成的飞瀑奇观：“西登香炉峰，南见瀑布水。挂流三百丈，喷壑数十里。欻如飞电来，隐若白虹起。初惊河汉落，半洒云天里。仰观势转雄，壮哉造化功。海风吹不断，江月照还空。空中乱潈射，左右洗青壁。飞珠散轻霞，流沫沸穹石……”古人的赞颂和眼前的实景，顿时把我的心带入那似梦非梦的奇险境界，我已经不满足于从鄱阳湖上远远地遥望那高山飞瀑的胜景了。

几天之后，我终于如愿以偿，在星子县两位热情朋友的陪伴下，来到景色旖旎的秀峰风景区。头一件事，便是拜访仰慕已久的开先瀑布。很幸运，几个月前才峻工的一条曲折迂回的盘山磴道。劈山渡峡，一直把游人导引到飞瀑之下，大大省却了攀岩穿林、涉水渡涧之劳苦。瀑布之下是个碧绿清澈的深潭。我坐在潭边一块光溜溜的巨石上，那如帘似练的水幕从高耸的石壁上倾泻下来，酷似一条半透明的尼龙纱巾在空中飘拂，从鄱阳湖吹来的风使得它不停地摆动，那细密的珍珠般的水雾，从半天云里洒落下来，使人不由地想起江南水乡那富有诗情画意的濛濛春雨。此时此刻，群山静穆，万籁无声，惟有那富有节奏的瀑布飞泻的声响在耳畔轰鸣，整个宇宙仿佛都被它的宏伟的气势震摄住了，在屏息敛声聆听这奇特的山林交响乐。

我仰望东边那刺破青天的双剑峰，俯视岩陡谷深的青玉峡，不知不觉，在星子县逗留期间的所见所闻一一涌上我的心头。

在这襟山带湖的星子县，我参加了长江中上游水土保持考察的预备会。说来也巧，这个会议原是打算通过科学考察，印证所谓长江会不会变成第二条黄河的学术论争的。哪知会议伊始，从武汉赴会的同志带来了特大洪峰即将顺江而下，不日通过葛洲坝的十万火急的消息。与我同住一室的一位四川代表，是一位富有实践经验的林学家，他忧心如焚地向我讲述了成都平原和川东森林水土流失的现状。是的，现实总是这样严酷无情。记得不久以前，当有识之士们纷纷指出，由于滥伐森林，水土大量流失，将不可避免地造成富庶的长江流域自然状况恶化的趋势时，却被人讥笑为耸人听闻，夸大其辞；还有人不以为然，付之一笑。那场在报纸上展开的学术争论，却由大自然亲自用事实来作了结论。现在，人们多少有些醒悟了，四川的严重水灾的罪魁是人类自己，人们把大面积涵养水源、保持水土的森林全部砍掉，从而导致了极为严重的后果。

远的不必说了，眼前又如何呢？星子县，这个在清人编纂的《星子县志》中被形容为“胜据东南，湖山萃美，秀耸匡庐，清涵潆回，岩石磊螺”的风景秀美的地方。现在的情况也容不得丝毫的大意。我是顶着炎炎烈日来到开先瀑布的。缘青玉峡而上的山涧，长达数千米，目力所及，几乎看不见一棵树了。农民的砍刀无情地伐去了山岭岩隙的树木，只剩赤日下生烟的裸露山石，找不到一处可供游人休憩歇凉的树阴。我就亲眼见到两个农家的孩子，攀缘着瀑布东侧的山脊，割下成捆成捆的茅草小树，顺着山势推下涧底。据县委的同志告诉我，这一带山林归农户所有。我不禁愕然。在这般闻名遐迩的风景区，一草一木都是珍贵无比的国家旅游资源，这大概是没有多少争议的吧，但却如此可惜地变成釜底之薪，岂非咄咄怪事？但是，我很快就发觉自己是大惊小怪了。在星子县东牯山林场，我访问了该场的场长。东牯山林场坐落在庐山著名的五大丛林之一——归宗寺旧址附近。这里的森林破坏情况更令人吃惊。据杨场长告诉我，东牯山林场成立于1956年，经过林场职工多年来苦心经营，使这一带山清水秀，万木葱茏，修竹吐翠，古树参天。整个林场有13平方千米左右的杉林，6平方千米左右的松林，以及大片的经济林、竹林和灌木林。由于合理的间伐和采育并重，森林不仅提供

了源源不断的木材和各种林产品，也美化了环境，涵养了水源，调节了气候。可是，近年来，盗伐树林之风越刮越猛，东牯岭1平方千米左右的松杉树，几年之内被砍伐殆尽，只剩下一片光秃秃的童山。其他林区也是盗木的丁当声终日不断。说到这里，忧心忡忡的杨场长说，现在山涧里的水少了，从山上冲下来的沙子多了，住在海拔较高地区的职工连吃水也有困难了。

当我耳闻目睹这一桩桩、一件件破坏森林的愚蠢行为时，我的心情非常沉重。那开先瀑布急鼓奔雷的声响，仿佛在我的耳畔变成了“不要砍树，不要砍树”的绝望的呼唤。科学家告诉我们，在人类历史上，人与森林的关系经历了三个阶段，即森林主宰人类、人类破坏森林和人类主宰森林。第二次世界大战之后，许多国家从破坏森林带来的惨痛教训中，认识到森林在生态平衡中的重要作用。人们已不再单纯地把森林和木材等同起来，而是把森林作为改善人类生活的自然环境的一个重要因素，发挥它的多种功能，诸如防止水土流失、涵养水源、保护鸟兽、净化空气、调节气候、美化环境等。当然，像庐山这样的风景区，森林作为一种不可缺少的风景资源，它的重要性就更不用多说了。

开先瀑布在日夜不停地奔流，发出深深的叹息，它俯视着那日渐稀疏的山林和赤日下无遮无拦的大地，也许还在想像着人们什么时候能够迈入主宰森林的阶段吧。

桂林山水

方 纪

到了桂林，每日面对着这胜甲天下的桂林山水，看着它在朝雾夕辉、阴晴风雨中的变化，实在是一种很大的享受。于是从心里羡慕起住在桂林的人们来了。虽然早在多年前，抗日战争时期，我在桂林的八路军办事处工作过半年多；但那时候，一来年轻，二来也没有看风景的心情，除了觉得这些山水果真奇异，七星岩里还可以躲躲空袭之外，对于它的胜美之处，实在是很少领略的。1959 年夏天，李可染同志由桂林写生回到北京，寄了一幅画给我看，标题是《桂林画山侧影》。一下子，我就被画吸引了，画面把我带到了一种可以说是幸福的回忆中——不仅是桂林的山水，连同和这相关联的那一段生活，都在我记忆里复活起来。那些先前不曾领会的，如今领会了；先前不曾认识的，如今认识了。桂林山水，是这样逼真地又出现在我面前。这时，我惊叹于艺术的力量之大，感人之深。并且惊叹之余，还诌了这样四句不成样子的旧诗寄他：

皴法似此并世元，墨犹剥漆笔犹斧；

画山九峰兀然立，语意新出是功夫。

这次重到桂林，置身桂林山水之间，使我又想到了可染同志的这幅画。于是就记忆，印证了画与山的关系，艺术与真实的关系；明白了它们是怎样地从自然存在，经过画家的劳动，变为有生命的、可以打动人

心灵的艺术作品。

桂林山水的宜于入画，古人早已注意到了。宋代诗人黄庭坚就写道："桂岭环城如雁荡，平地苍玉忽嵯峨。李成不生郭熙死，奈此千峰百嶂何。"诗人的意思，恐怕不止是说当时画家画桂林山水的少，还在说，即使李成、郭熙在，也还没有画出如桂林山水的这般秀丽来吧？后来元明人多画黄山，到清初的石涛，由于他出生桂林，才把他幼年的印象，带入山水画中，形成了独特的风格。到了近代，山水画大师黄宾虹，便以能"遍写桂林山水"为生平得意，齐白石更说"自有心胸甲天下，老夫看惯桂林山"了。所以看起来，桂林山水的入画，对于丰富中国山水画的技法，该是不无关系的。

至于在文学上，为桂林山水塑造出一种形象，为人所公认，并能传之千古的，恐怕至今还要推韩愈的"江作青罗带，山如碧玉簪"两句。他把桂林山水拟人化，比喻为一个素朴而秀美的女子，确是有独到的观察。虽然这种形象，在我们时代的生活里已经看不见了，但透过对于古代生活的理解，人们还是可以想像出来桂林山水的面貌和性格来的。这次到桂林，登叠彩山，攀明月峰，凌空一望，果然，漓江澄碧，自西北方向款款而来，直逼明月峰下，然后向东一转，穿桂林市，绕伏波山、象鼻山，向东南而去，正像一条青丝罗带，随风飘动。而周围的山峰，在阳光和雾霭的照映中，绿的碧绿，蓝的翠蓝，灰的银灰，各各浓淡有致，层次分明；正像是美人头上的装饰，清秀淡雅。

概括一带自然面貌，塑造出鲜明的形象来，在文字上是不容易的，往往不是过分刻画，就是失之抽象。难怪后来的诗人，包括那些知名的如黄庭坚、范成大、刘后村等。虽都到了桂林，写了诗，但却没有一个形象如韩愈的这般概括而生动。范成大写《桂海虞衡志》，极力状写桂林山水的奇异，结果是人家不相信，只好画了图附去。可见用语言文字，表现一些人所不经见的东西，是需要一点艺术手段的。

古人于描写山水中创造意境，不独描写自然的面貌，是早有体会的。所以山水画、风景诗，才成为作者思想与人格的表现。柳宗元的遭贬柳州为“僇人”，终日“施施而行，漫漫而游”，结果是写出了那些意境清新、韵味隽永的散文来。试读从《桂林訾家洲亭记》以下，至《至小丘西小石潭记》的十来篇，在描写桂林一带的山水上，真是精美无比。这些散文虽只记述一次出游，或描写一丘一壑，一水一石，长不逾千，短的不到二百字，但那观察之细微，体会之深入，描绘之精确，文字之简洁，在古代描写风景的散文里，可以说是少见的。柳宗元在这些文章里创造了一系列前人所无的境界，到最后，却自己写道：“坐潭上，四面竹树环合，寂寥无人，凄神寒骨，悄怆幽邃。以其境过清，不可久居，乃记之而去。”（《至小丘西小石潭记》）他对这样的山水得出一个“清”字的境界来，这于他那个时代的桂林的自然面貌，并自身遭遇的感受，是非常确切的。但当他概括地写到桂林的山，便也只有“拔地峭竖、林立四野”八个字了。

在散文里面，描写桂林山水的真实性、具体性上，倒要推徐宏祖的《徐霞客游记》。他的散文很少概括和比拟，但却忠实而详尽。读起来你不免要为他的游兴所动，为他的辛勤所感，为他的具体而生动的记游所心向往之。不过你要想从他的记述里去想像桂林山水到底是什么样子，却也不易。他自己就说：“然予所欲睹者，正不在种种规拟也。”他是另一种游法，另一种写法的。他记述自然面貌，道路里程，水之所出，山之所向。他的游记，不独是好的文学作品，而且留下许多有用的科学资料。所以看起来，徐宏祖倒是古今第一个最会游历的人。他的不辞辛苦地游，倾家荡产地游，走遍天下，所到之处，如实记载，即兴发抒，不拘一格，不做规拟，倒成了他的散文的最能引人入胜的特色。

所以从古以来，山水怎么看，恐怕是各人各有心胸的。但一切既反映了自然真实面貌，又创造了崇高意境的，则无论是绘画、诗、散文都成为了我国人民的精神财富，为我们伟大祖国的富丽山河，赋予了种种美好的形象和性格，启示了和发展着人们的爱国主义思想情感。

桂林山水，毕竟是美的。早晨起来，打开窗子，便有一片灰得发蓝的山色扑进房子里来，照得房间里的墙壁、书桌，连同桌上的稿纸，都仿佛有一层透明的岚光在浮动。而窗前的树，案头的花，也因为这山岚的照耀，绿得更深。红得更艳了。

当然，这是太阳的作用。太阳这时还在山那面，云里边。由于重重山峰的曲折反映，层层云雾的回环照耀，阳光在远近的山峰、高低的云层上，涂上浓淡不等的光彩。这时，桂林的山最是丰富多彩了，近处的蓝得透明；远一点的灰得发黑；再过去，便挨次地由深灰、浅灰，而至于只剩下一沫淡淡的青色的影子。但是，还不止于此。有时候，在这层次分明、重叠掩映的峰峦里，忽然现出一座树木葱茏、岩石崚嶒的山峰来。在那涂着各种美丽色彩的山峰中间，它像是一个不礼貌的汉子，赤条条地站在你面前——那是因为太阳穿过云层，直接照在了它身上。

接着，便可以看到，漓江在远处慢慢地泛着微光，一闪一闪地亮起来了。太阳把漓江染成了一条透明的青丝罗带，轻轻地抛落在桂林周围的山峰中间。

这时，你可以出去。无论走到什么地方，有时是转过一幢房子，忽然一座高倚天表的山峰，矗立在你面前。有时是坐在树下，透过茂密的枝叶，又看到它清秀的影子。或者在公园的亭子里，你刚探出身，一片翠幕般的青峰，就张挂在亭子的飞檐上。如果站在湖边，它那粼粼波动的倒影，常常能引起你好一阵的遐思。

这样，桂林山水，总是无时无处不在你的身边，不在你眼里。不在你心里，不在你的感受和思维中留下它的影响。

但是，如果住在阳朔，那感觉不知会是怎样的？就去过一次的印象说，只好用“仙境”二字来形容。那山比起桂林来，要密得多，青得多。幽得多，也静得多了。一座座的山峰，从地面上直拔了起来，陡升上去，却又互相接连，互相掩映，互相衬托着。由于阳光的照射，云彩的流动，雾霭的聚散和升降，不断变换着深浅浓淡的颜色。而且，阳朔的山，不像桂林的那样裸露着岩石，而是长满了茂密的丛林，把它遮盖得像穿上了绿色天鹅绒的裙子。这还不算，最妙的是在春天。清明前后，在那翠绿的丛林中，漫山遍野开满了血红的杜鹃，就像在绿色天鹅绒的裙子上，绣满了鲜艳的花朵。这使得人在一片幽静的气氛中，能生发出一种热烈的情感。

到阳朔去，最好是坐了木船在漓江里走。单是那江里的倒影，就别有一番境界。那水里的山，比岸上的山更为清晰；而且因为水的流动，山也仿佛流动起来。山的姿态，也随着船的位置，不断变化。漓江的水，是出奇的清的，恐怕没有一条河流的水能有这样清。清到不管多么深，都可以看到底；看到河底的卵石，石上的花纹，沙的闪光，沙上小虫爬过的爪痕。河底的水草，十分茂密。长长的、像蒲草一样的叶子，闪着碧绿的光，顺着水的方向向前流动。

从桂林到阳朔，有人比喻为一幅天然的画卷。但比起画卷来，那由光水色的变化，在清晨，在中午，在黄昏，却是各有面目，变化万千，要生动得多的。尤其是在春雨迷濛的早晨，江面上浮动着一层轻纱般的白濛濛的雨丝，远近的山峰完全被云和雨遮住了。这时只有细细的雨声，打着船蓬，打着江面，打着岸边的草和树。于是，一种令人感觉不到的轻微的声响，把整个漓江衬托得静极了。这时，忽然一声欸乃，一只小小的渔舟，从岸边溪流里驶入江来。顺着溪流望去，在细雨之中，一片烟霞般的桃花，沿小溪两岸一直伸向峡谷深处，然后被一片看不清的或者是山，或者是云，或者是雾，遮断了。

这时，我想起了可染同志的《杏花春雨江南》……

但是，接着，“画山”在望了。陡峭的石壁，直立在岸边，由于千百万年风雨的剥蚀，岩石轮廓分明地现出许多层次，就像是无数山峰重叠起来压在一起。这些轮廓的线条，层次的明暗，色彩的变化，使人们把它想像成为九匹骏马，所以画山又称“画山九马图”。九匹骏马，矗立在漓江岸边的石壁上。或立或卧，或仰或俯，或奔腾跳跃。或临江漫

饮，看上去确是极为生动的。这时，可染同志的那幅《桂林画山侧影》，同时在我记忆里复活起来，而且是更为生动地在我面前出现了。

画的篇幅不大，而且是全不着色的白描。整个画面，几乎全被兀立的山岩占满了，只在画面下部不到五分之一的位置，有一排树木葱茏的村舍，村前田塍上，有一个牵牛的人走来。但这些都不是画的主体，也不引起观者的特别注意。而一下子就吸引了观者的，正是那满纸兀立的山岩。山岩像挨次腾起的海上惊涛，一浪高过一浪，层层叠竖，前呼后拥，陡直地升高上去，升高上去，直到顶部接近天空的地方，才分出画山九峰的峰峦来。而山岩石壁，直如斧劈刀斩一样，崚嶒峻峭，粗涩的石灰岩质，仿佛伸手就能触到。于是整个画山，现出一种雄奇峻拔、咄咄逼人的气势。这时，在我面前，画山仿佛脱离开周围的山而凸现出来，活动起来，变成了一个有生命，有血肉，有思想和情感的物体。自然存在的山，和艺术创作的山，竟分不出界限，融为一体。

但是，这只是一刹那间的事。等到画山过去，印象消逝，在我记忆里，便只剩下一种雄奇的意境，奋发的情思了……

坐在船头，我木然地沉思着，并且像是有所领悟的想到：人的劳动，人的精神的创造，是这样神奇！它像是在人和自然之间，搭起了一座神话中的桥梁；又像是一把神话中的金钥匙，打开了神仙洞府的门。人们通过这桥梁，走进这洞门，才看清了自然的底蕴，自然的灵魂。

桂林山水，从地质学的观点看来，不过是一种“喀斯特”现象：石灰岩的碳酸钙质，长期为水溶解，而形成的“溶洞”地区。除桂林外，云南的石林，也是地质学上所谓的“喀斯特最发育”的地区。作为一种自然现象，它们本身原无所谓美丑。这些山水的美，和有些山水的不美，或不够美。原是人在社会生活中，长期观察和比较的结果。而这美丑的观念，正是人对自然界施加劳动和意识作用的产物。人对自然的这种劳动和意识作用，已经是历史地形成了，自然美也就成为了一种独立的客观存在。并且，在不同的时代和阶段，不断地改变着人对自然美的观点，而使得人对自然的认识，日益深刻和丰富起来。

山水画作为一种艺术，从古以来就成为了帮助人们认识自然，欣赏自然美，进而帮助人们“按照美的法则”，改造自然的一种手段。和所有的艺术一样，它的力量是建筑在对自然的深刻观察和具体描写上。可染同志的画，就具有这样的特点——不只观察深刻，而且描写具体；因而看起来真实而且有力。结果，就使你从对山水的具体感受中，不知不觉进入了画家所创造的精神境界。无论是雄伟，无论是壮丽，无论是种种可以使你对祖国山河油然而生的爱恋情绪。这时，你会感觉到，你的爱国主义是具体的，有力量的。是饱含着自己的经验和感受在内的激昂奋发的情绪。于是，画家的劳动，也就在这时得到了报偿。

可染同志近年来画了不少写生作品，他把自己这种创作方法州做“对景创作”。在这些作品中，当然没有凭空虚构，但也没有临摹自然。他总是描写一个具体对象，并且把所描写的对象放在一个具体的环境中。然后，他的概括也是大胆的；他总是在一笔不苟的具体刻画中，去表现对象的精神世界。这样，就在这些叫做“写生”的作品中，产生了那种人人可以看得见，感觉到的祖国河山具体而又普遍的典型性格。

也许正是在这一点上吧，《桂林画山侧影》成功了。它透过对桂林山的石灰岩质的真实而大胆的刻画，表现了桂林山水的精神面貌。因而对观众，对我，产生了一种能以根据自身经验去进一步认识生活的艺术的力量。

阿里山五奇

杨一峰

不到阿里山，不知台湾的美丽；不到阿里山，不知台湾的伟大。登山铁道、森林、云海、日出、晚霞五者，确是阿里山的特色，可称为“阿里山五奇”。

登山铁道，自嘉义北门，至阿里山上，全线共长72千米，随着山势作“之”字形，盘旋上山，跨桥越涧，凡穿隧洞六十有二，始达山巅，工程伟大艰巨。由嘉义站出发，过了竹崎，走不甚远，便开始爬山。路弯坡陡，火车头在后面用力推进，不断呼呼在叫，正像一只老牛拉着重车，一步一喘。尤其是行进“之”字路形的转弯处，爬上一层，着实费力，往往要费上十分钟或一刻钟的时间，才能顺利前进。

前进到了樟脑寮站，隧洞渐渐多起来。半里一小洞，一里一大洞，小的一二分钟可以过去，大的就需六七分钟方能通过。入洞黑暗如漆，烟尘弥漫，令人欲呕。出洞则豁然开朗，林暗花明。水流云行。入洞出洞，倏明倏暗，如昼夜之循环，而山光云影，随时变换。道旁花木亦因地而有不同。真有“山阴道上，应接不暇”之势。

阿里山具备热、暖、温、寒四带的林木，即山脚为热带林，山腹为暖带林，山腰为温带林，山顶则为寒带林。再详细地说：在海拔760米以下，即自竹崎至独立山间，属热带林；树种有龙眼树、榕树、相思树及山榕等。在海拔760～2700米间，即自独立山至平遮那附近，属暖带林；树种有槠、樟、柯仔、楠仔及乌心石等常绿阔叶树。在海拔2700～3000米间，即自平遮那至鹿林山一带，属温带林；树种有扁柏、红桧、华山松、台湾杉及铁杉等常绿针叶树。海拔3000米以上，属寒带林区域；树种有唐松、白松柏及香青树等常绿针叶树。沿途树种，随地变换，一日之间，经过热、暖、温、寒四带地区，看见四带的林木，不能不说是大观罢！

树龄之高，最著名的为神木站的红桧，所谓“阿里山神木”即指此而言。未到神木站，即望见此号称“神木”的桧树，矗立山间，枝疏而叶浓，身略前俯，傲然不屈，有如倔强老人之以杖荷物。此树年龄在3000岁以上，高53米，身围19米强，地上周围34米，如果人们想以两臂合抱它，约需15名壮丁手牵着手方能围它一周。因想太原晋橱的周柏，不知礼段何似，倘拿嵩山嵩阳书院的汉柏和神木来比，真乃小巫见大巫，渺小得可怜了。新近阿里山又发现比神木的寿数还要高的大树，名字叫“安南秋娘”。这“娘子”的芳龄，据说已届5000多岁，比我国的历史还要早上几百年，更不能不说是稀奇了。

阿里山的云河，也是夙负盛名的。哪山无云？只因为山不太高，就看不出云海上边的奇景，而内地群山，离海过远，山云缺乏海气的湿润，虽有飞扬起伏之势，终少葱茜莹润之容。至于飞机上看云海，更不可与此同日而语；飞机到了高空，或是穿入云层，或是高出云上，都只是云气之多，除云气外，几乎看不见别的景物。独在阿里山看云海，不但可以看见峰峦、林木一簇一簇地像岛屿一般，在波涛起伏的云海中浮漾，飘渺虚空，有如海上仙山，可望而不可及；而且可以看见晴空中的斜日，映对云海，格外鲜明，鲜明得仿佛图书中朝阳似的，摆出血红的轮廓，却用黄金色涂遍各个浮出云海上面的岛屿，乃至人面上也多少敷上一层薄金。这云海落日的奇景，怕是内地各山少见的吧。

据说日出是要在观峰台看的。观峰台（只是地名而已，并非真有一台）位于阿里山峰祝山的顶上，扼在祝山到玉山的一条路口。和玉山的

主峰正好对面。玉山主峰海拔3950米，为台湾最高的山峰。巍然矗立，睥睨群山，伟大壮丽，兼而有之。远望层峦叠翠，气象万千。尤其是早晨日出前后，山光岚影，随时变化。朝日由玉山主峰背后冉冉上升，未出面前，云蒸霞蔚，红色烛天，渐渐变成金黄色。瞬息间自峰顶呈露半面、全面。蓦然的腾空，朱曦辐射，照耀林谷。此时云霞失色，金光亦罢，惟见玉山主峰，横翠送青，拔地擎天而起。祝山观日出的奇景，即在于祝山能够望见玉山的主峰，而玉山主峰的晓妆配合着日出的景色，实有相得益彰之妙。

晚霞到了阿里山，不但格外鲜明，简直可以分为若干色彩，红一条、黄一条、绿一条、蓝一条、紫一条，一条一条地连接起来，布在半天，好像将一幅五色旗平铺在天空似的，又有点像雨后的彩虹，将半规放直，条幅放宽。晴空异彩，照耀大地，煞是好看。觉得孙绰游天台山赋里说的“赤城霞起而建标”，“建标”二字用得好，可是形容还不够尽致。

最好的游山季节，是深秋重九之后，因为那时天气清爽，阴雨较少，日出、云海、晚霞等奇观欣赏的机会较多；尤其霜林红叶，灿烂山谷，益发值得留恋，实在是最理想的。

五指山雨林奇观

张天来

这里是五指山脉的西南端，这里有奇妙的热带雨林。踏着国内外许多著名生物学家的足迹，我们在尖峰岭热带自然林保护区考察了两天。

这是一座面积为1635公顷的热带原始森林，是热带地区的一个包括各种植物、动物、微生物的物种资源宝库。

真正懂得保护区意义的，当然是那些科学家。1977年6月，来自拉丁美洲的墨西哥生物资源研究所所长柯麦斯博士，顺着这条林间小路，兴致勃勃地看了很久很久。博士说："我要让世界上的科学家知道有这么一块这样好的热带林保护区。"在他之后，英国的两位植物学家，在这里高兴得不知如何是好。皇家植物学会植物园副主任格林说："世界上许多地方的热带雨林都受到破坏，而你们这里是未来资源的一个宝库，子孙后代会从中得到很多资料。"活标本部主任西蒙斯说："你们为人类子孙后代作出了贡献。"

在热带雨森中，第一个引起我们浓厚兴趣的植物，叫树蕨。它从沟谷中伸出巨大的几米高的主干，有几十个枝条向上挺立，每个枝条上长着许多羽状叶片。同行的林业科学工作者告诉我们，在几亿年前，地球上主要的生物是恐龙和蕨类，那时树蕨生长很为繁茂。树蕨的年龄和银杏、长杉一样老，也是活化石的一种。几亿年以后的今天，在恐龙变成化石的同时，蕨类变成了煤炭。这种孑遗植物，现在只生长在热带湿润

地区，海南岛有 9 种。密林深处，这种蕨类植物越来越多，有一些蕨长在大树上。在这个沟谷雨林中，还有一种巨大的植物，叫山桄榔。它一根主干伸出来有十几米高，每张叶片几米长，2 米宽。2 米左右长的果序上，密密麻麻地长着几千个小果，由深绿而灰绿，最后变成紫色，成熟了。每个果序上结的果子，足有 50 千克重，两人抬着仍挺吃力。

一棵紧挨着一棵，上千上万棵高达几十米的大树，让人惊讶不止。据初步调查，珍贵用材树种有 80 种，其中包括特类木材 4 种、一至三类木材 76 种。船舶、高级建筑和上等家具，要用这些珍贵木材来造。林业科学工作者毫不掩饰他们的感情，兴奋地告诉我们每一棵大树叫什么名字，木材多么珍贵。猛然，在河谷地带，出现了比较少见的坡垒。这种树和它的左右的同伴比起来，并不那么魁伟高大，它最高也只有 20 米右左。然而它却是珍贵用材中的特类材之冠．最高级的木材。我们还看到了子京，它是珍贵用材的亚军，用它造船，海螺不叮。我们特意去看了青皮，书上也叫青梅。在海拔较低的热带常绿雨林中，它占着优势，高高耸立在众家弟兄之上。我们看到的那株约 30 米高，雄壮极了。

热带雨林中，使人感到最有兴味的一种现象是，各种植物都在拼命地争夺阳光。所有的空间都被各种枝条，各种根，各种藤类占满了。几十米高的陆均松、鸡毛松，当然都能取得足够的阳光了，各种蕨类、各种兰花也飞到大树的顶上或中间，取得阳光和养分，在那里开办了空中花园。众多的藤类植物，攀在大树上，你树有多高，它就能攀多高；那爬在大树身上的九节藤，每一节都伸出针似的根扎在树干上去吸取水分和养料，养活自己。最低层，见不到阳光的山崖边和地面上，植物也在生长，那是苔藓，像一块块天鹅绒的地毯一般，美极了。

小路边上的一种奇观，使得我们停了下来。在这里做了十几年研究工作的王德祯同志对我们说，在这两平方米左右的小小地方，长了珍贵树种鸡毛松、木荷、黄杞、刻节桢楠等五种大树，最低的六七米，最高的近30米，而且都长得很好。“这样小的营养面积中，群居着这么多棵树，它们的营养问题怎么解决？它们互相之间是一种什么关系？”对于这个问题，我们请教中国和外国的专家，他们都没有作出明确的回答。而这种现象，在热带雨林里几乎到处都是。你看那一棵高高的刻节桢楠身旁，长着一棵橄榄，在7米左右的地方紧紧地贴在一起了；你看那并排长着的薄皮红椆和东方琼楠，几乎一样高，但都很健壮繁茂。这种丰富多彩的自然现象，这种大自然给我们造成的生态系统，亟待我们去认识，去掌握，去利用它为人类造福。

更不必说还有很多珍贵稀有的动植物，我们还没有来得及认识和研究。那海南所特有又稀有的经济树种硬核，圆圆的大叶子，没有什么稀奇之处，而它的种子含油率竟高达60%，工业用和食用都可以。在整个保护区内，只有一棵，人们还没有研究出它的繁殖方法。有一种并不高大的海南粗榧，样子很不起眼，身上却含有一种抗癌药物，因此它已经远近闻名。这里的药用植物，大约在千种。

山间小路上，洒落着几朵白色的花。主人弯腰捡起两朵来说，这是拟核果茶花。这树种，是世界上第一次发现的。中山大学生物系张宏达教授，一位中年植物学家，不久前采集到这种花，给这种无名树命名为拟核果茶。说着，他指了一下左边树丛顶部的那一丛丛的白色，告诉我们那就是这种新命名的树种。

路右边，耸立着一株几十米高的盘壳栎，年深日久，下部有一个很大的树洞。它的树干上爬着各种寄生和附生植物，兰花已经在十几米高的地方开放。就是在这种盘壳栎的树下，由北京来的几位微生物学工作者发现了一个新的菌种，一位女专家对菌种做了鉴定，发表了文章。

我们冒着细雨攀登尖峰岭之巅。海拔1000米以上的地方，树木矮起来，高大的陆均松在这里只有10米左右了。石头缝里钻出来的乌毛蕨小极了，新枝条鲜红的颜色，同绿色的老枝相映成趣；也是从石头缝里钻出来的乌饭树上，挂着圆圆的小极了的黑果。苔藓更多了，地面

上，树干上，枝条上全是。到达山顶的时候，我们就好像置身万里雾海中一般。在山顶上，野牡丹变得矮小，叶片由薄变厚了。只在山顶上生长的尖峰栎，以茂盛的青枝绿叶和绿色的果实向客人致意。长果杜鹃花期刚过，映山红和白背杜鹃正在盛开。那矮小的植株上开放的红色和白色的花朵，给山巅增加了十分的姿色。

这山顶苔藓矮林，其貌不扬，却起着水源涵养林的极其重要的作用。有了它的保护，山上的水土就不会流失。和长白山的高山苔原带保护着三江水源一样，尖峰岭和海南的许多山顶苔藓矮林也在保护水源方面起着不小的作用。

五大连池火山群

杨一波

在松嫩平原的北部，小兴安岭的西南侧，有一片风景绮丽的火山区。14座截项圆锥形的火山区，巍峨地耸立在辽阔的波状平原上。五个晶莹的湖泊，串联在一起，蜿蜒于火山群环抱之中。形态复杂的火山，锥体和各色各样的地貌形态，淋漓尽致地反映了火山活动的史迹。加上这里的火山矿物资源丰富，矿泉水疗效很高，久为中外地质学家所瞩目，被誉为“天然的火山博物馆”。

五大连池在北安县城西北约70千米处，从北安乘汽车往西北行，出城郊不远，就可以隐约地看到地平线上10多座孤山逶迤，有规律地排列着。湖东湖西各有7座火山，排列在几条互相垂直的直线上。有人将它比作棋盘上的棋子。

火山锥海拔357～600米，相对高度65～166米不等，最高的西北方的南格拉球山，火山口完整。它的北面有矮小的北格拉球山相邻。在它的西侧，卧虎山、笔架山、老黑山、火烧山，从西南向东北排列成一条直线。卧虎山上有4个火山口，深度不大，笔架山平地拔起100多米，锥体破裂，形似笔架。老黑山锥体最大，基底直径120米，山顶漏斗状的火山口，内壁陡峻，草木不生，深136米，喷发痕迹历历在目。它东北方的火烧山，两半壁立，相向对峙，岩石裸露，裂缝纵横，好像还在显示着当年爆裂的威力。在老黑山与火烧山下，铺陈着一大片黑色

的“石龙熔岩”，有的如蟒蛇，有的像缆绳，有的堆叠如塔，有的岩洞累累，多彩多姿，形态各异。“石龙熔岩”南部是不高的药泉山，以丰产矿泉水而闻名。

湖东的7座火山锥满布森林，东北方的莫拉布火山口完整，其他多呈圆椅状。东焦得布山、西焦得布山和东龙门山、西龙门山双双成对，而又各自列在不同的东、西平行线上。最北面的尾山和东南的影壁山，如果用直线连起来，正巧在西龙门山与西线直交。遥感资料证实，火山锥这样划线排列，基本反映了地下的地质构造线的实际情况。从航空照片上看，五大连池火山区至少有42个大小不等的火山口，还有几十个盾形火山和隐伏火山。14座兀立平原的火山堆，只是这个火山大家庭中的高个子罢了。

五大连池火山区，处于小兴安岭隆起和松嫩平原凹陷这两个地质单元的接壤地带，地下有着大的断裂，还有两组由地壳的断裂错动而形成的断层线。这种地质构造，是形成五大连池火山的原因。

这里的火山是经过多次喷发才形成的。它们形成于地质历史上的早更新世之后，经古地磁的测定，最早的一期在距今约69万年以前。以后在更新世中、晚期和全新世又多次喷发，才形成14座火山锥。并使莫拉布山和卧虎山等火山锥有了好几个火山口。

五大连池的最近一次爆发，在1719年至1721年间。《黑龙江外记》记载了当时的情景：“地中忽出火，石块飞腾，声撼四野，越数日火熄，其地遂成池沼。”当时，熔岩不断涌出，多处堵塞原小白河的河床，终于形成五个串珠状的湖泊。由南向北，人们称之为头池、二池、三池、四池、五池，这就是五大连池的成因和名称的由来。它是我国第二大堰塞湖。

五大连池的矿泉久负盛名，药泉山下的南泉、北泉用以饮疗，翻花泉用于洗疗，洗眼泉的水是制造白酒的优质泉水。现在，药泉由附近已发展成为我国最大的碳酸矿水疗养区。每年夏季，前来疗养的人络绎不绝。五大连池又是一个富饶的渔场，五个堰塞湖是个天然水库，蓄水量约为1.7亿立方米，湖水含氧量高，浮游生物丰富，适于多种鱼类生长繁殖。

珍奇的火山群和珍珠串的湖泊，是北国的一个奇观。

青山浊水图们江

黎先耀

金色的秋天，东北亚经济国际研讨会在长春举行。中外专家们正热烈讨论关于亚洲的国际河流之一——图们江的开发利用问题的那几天，我随中国国际工程咨询公司罗西北董事长等一行，到吉林省延边朝鲜族自治州，对图们江进行综合考察。

东北边陲“金三角”

我们乘国产“运 7”型飞机抵达自治州首府延吉。新建的白山宾馆里已经住满了从韩国来的旅客，我们住在对面的旧延边宾馆。这里显出一派开放城市的气氛。听完州长的全面情况介绍，我们就乘汽车径直去图们江最下游濒临日本海西岸的珲春市，这是我国最早四个边境开放城市之一。

珲春是满族祖先肃慎故地。唐代为渤海国东京，当时就与日本有贸易往来和文化交流，是历史上闻名的一条“海上丝绸之路”，这里自古以来就是开放性的商埠。清末废禁招垦，移民延边，大批朝鲜族、汉族人移入后，由于地理位置优越，中国与俄国、朝鲜、日本的贸易曾达鼎盛时期。首先我们到了离图们江俄、朝相邻的出海口仅 15 千米的敬信乡，正好遇上大雨。远处江上横亘的俄朝大桥和陆上耸立的张鼓峰，虽然雨雾迷濛，看不真切，但是眼前防川村边防哨塔下的中俄边界碑“土字牌”，却冲洗得格外清晰。这不禁使人缅怀起清廷同沙俄会勘边界谈判时，不惧威胁，据理争回图们江出海权的爱国大臣吴大澂。他当时为抒发悲愤心情写下的“龙虎”金文石刻，现在人民政府已筑亭保存在珲春市内，供人凭吊。

沙俄根据不平等条约夺取我国沿日本海的广大领土后，防川这块“鸡鸣犬吠闻三国”的边陲之地，已经成为我国通向日本海的惟一通道。图们江出海通航后，防川将建为国际贸易港，成为东北亚贸易中心。朝鲜已在珲春附近的哈山岛设立特区，俄罗斯也拟在与我敬信乡相连的哈桑设立特区；如中、朝、俄三国特区连成一个国际特区带，它会具有很大的吸引力。现在防川还是一个只有30多户居民的边陲小村，往昔大多以捕鱼为生。近几十年来，自日俄“张鼓峰战役”后，出海被阻，再加上图们江工业污染逐年严重，渔业资源大减，现在只剩下一户渔民，其余改务农为生了。

回敬信午餐时，热情好客的主人煮了大马哈鱼汤款待我们。朝鲜族的乡长诉说道，由于图们江污染严重，不但洄游的如金似银的滩头鱼已经绝迹，“江里生，海里长”的大马哈鱼也很少进江来了。以往这时正是大马哈鱼进江来产卵的季节，20世纪40代年末珲春能捕到10万条左右，一担柴就能换一筐鱼。现在好不容易才弄到两条来待客。真抱歉，吃起来还带异味，也不如过去鲜美了啊！这里的“水晶米”也极为著名，曾是伪满洲国皇宫的贡米。怪不得大米饭粒粒莹白似珠，香糯如脂，大家赞不绝口。据告。这里稻田由于用江水灌溉，水稻产量也受到很大影响。

回到珲春市，我们参观了新建的珲春发电厂。该厂装机容量为20万千瓦，第二期工程完成后，装机容量计划可达到60万～80万千瓦。珲春煤田已探明储量约为8亿吨，可保证这座坑口电站的用煤需要。珲春和安图，还各有一座年产黄金约500千克的金矿，为国家做出了贡献。我们没有来得及去看，但是据说开采对当地自然环境也造成了不小的破坏。

青山浊水探污源

翌日，我们沿中朝边界的图们江上行。沿岸看到了绿茵平展的大片稻田，虽然阴雨连绵，但经过农民精耕细作，水稻长势还是不错。河谷的果园里，枝头挂满了闻名遐迩的“苹果梨”。漫山坡上成行的参棚里，已经结出了珊瑚珠般的累累果实。路边草甸上，则点缀着正在悠闲地吃草的“延边黄牛”和从江南赶花而来的放蜂人家。这真是一幅关东鱼米花果之乡的画卷。

沿途依山傍水的朝鲜族村庄，虽然不算富裕，除了歇山顶瓦房，仍有不少庑殿顶草屋。但是村里的校舍则宽敞整洁，并且都建有运动场；特别是敬老院盖得如同宫殿一般，最为引人注目。村村几乎都屹立着革命烈士纪念碑，悼念在抗日战争、解放战争以及抗美援朝中牺牲的乡亲们。江边凉水泉子山坡上一座被焚毁的房基处建有一座纪念碑，那是解放以后当地党和人民为缅怀 1931 年被日伪军警活活烧死在这座房屋里的 15 位反日会会员而建立的。现在虽然不是祭扫季节，但是也能见到墓碑前人们献的红花。朝鲜族人民敬老爱幼、尊师重教、忠党爱国的良风美德，代代相传，使我们深受感动。延边不仅大自然美丽而富饶，生活在这里的朝鲜族和其他各族人民的心更是美好而高尚。

当晚宿于图们市，图们江桥头壮观的国门，以及新修护江大堤边的江滨公园的绮丽景色，给我们留下了难忘的印象。为了弄清图们江的污染源，第二天我们继续溯江而上。先看了沿岸图们市已有半个世纪历史的中国北方重要造纸企业——石岘造纸厂和龙井市全国惟一用木材生产粘胶纤维浆粕的大型综合企业——开山屯化学纤维浆厂。石岘厂生产的“自鹿牌”新闻纸始终居于全国同类产品之首，得到《人民日报》等 30

多家用户的好评。开山屯厂生产的照相原纸木浆和描图纸木浆，填补了国内的空白。这两个造纸厂都引进了国外的先进设备和技术，对亚硫酸蒸煮废液进行综合利用。这样，不但治理了污染，也增加了经济效益。开山屯厂从废液中提取生产的木素磺钠是建筑混凝土的最佳减水剂，曾在葛洲坝和宝钢工程中发挥了重要的作用。

在这两座造纸厂的上游，仍是两岸青山夹浊流。我们看到岸边稻田里覆盖着厚厚的灰黑色淤泥，有些灌渠旁清挖出来的淤泥已堆成了堤埂。据告，这里的稻田一般每年沉积上游朝鲜茂山铁矿排放尾矿水带来的灰沙，厚约1米。不但农民清淤花费劳力，而且造成水稻减产。我们站在和龙县芦果乡山头的植树诗碑前，眺望对岸朝鲜的茂山铁矿。那里生产发展很快，房屋鳞次栉比，已经形成一座欣欣向荣的工业城市。据说，茂山铁矿为了拦截洗矿水里的泥沙，也已建立了沉淀池和贮灰坝。据自治州环保部门负责人介绍，根据中朝双方协议，图们江两岸的几个大工厂虽然已对各自生产造成的污染进行了不同程度的治理，但是现在图们江水所含的有机物、悬浮物，以及酚等有害化学物质。仍远远超过国际新规定的标准，比松花江要高出20多倍，水质还未得到根本的改善，治理的任务还很重啊！

我吟诵着我的朋友、诗人金哲等捐立的诗碑上刻着的诗句。诗句歌颂了一位70岁的朝鲜族老大爷，为后代子孙植树造林、保护水土的感人事迹。我们相信，中朝政府和人民进一步合作努力，那位老大爷向往追求的山清水秀，还是指日可待的。

不到源头非好汉

再往上游，就到了图们江上最后一个边境口岸崇善。那里中朝两岸都有一群携带大箱小包的人，有些还推着自行车，在雨中等待着一只小木船把他们依次渡过江去。

过了崇善，图们江两岸树林逐渐茂密，江水变得湍急而清澈了。我们在白桦、云杉、美人松等树种组成的针叶、阔叶混交林中前进。

“图们”一词来自满语，是“万水之源”的意思。我们终于在“天女浴躬处”的圆池附近的林问沼泽地里，找到了图们江的发源地“钓鱼台”，那里地下水不断地向上涌冒，真是“涓涓不塞，终成江河”。据说，抗日战争年代密林中的“抗联”战士，常在此采蕨菜、钓雅罗鱼作为野餐。附近山坡上竖立着一一块国界碑，上刻“中国（21）”标志。至此，我们沿着中朝边境的界河图们江，从近海口的防川到源头“钓鱼台”，已经足足走了500多千米。

近几天连降暴雨，林问道路多处已被冲坏。夜色来临，我们不但在密林深处迷失了方向，连乘坐的丰田吉普也陷到了深沟里，进退维谷。这里是长白山自然保护区的中心地带，野生动物较多，不时有狍子、梅花鹿从我们面前奔突而过。我们手无寸铁，真担心遇上“熊瞎子”或是东北虎。这时，幸亏得到驻守在和平营子附近边防哨卡的解放军同志无私的援手，帮助我们脱离了困境。时过夜半，我们一行才先后到达天池宾馆。

翌日清晨，我们在温泉里洗去了几天的风尘和疲劳，在缥缈的云雾中，登上了海拔2200米的“火山湖”天池。此时，突然云消雾散，天池神女打开面纱，向我们抛来她湛蓝深邃而多情的眸子；“飞流直下三千尺”的瀑布，正是她的披肩美发。天池又名“图们泊”，这才真正是“万水之源”啊！现在天池下面盖起了不少宾馆，旅游污染也开始危及这里的生态环境，这是不容忽视的问题。现在采取措施，亡羊补牢，尚未算晚。

图们江真不愧是一条“黄金水道”，除了有通航出海和渔业之利，沿岸还产黄金、黑金（煤）、绿金（森林）和白金（水秘资源）。长白山所在的安图县，这几年依靠开发小水电，已成为全国电气化县之一。我们感到要开发、开放图们江，首先要抓紧治理和保护图们江。

不久前，有关部门组织的图们江出海复航的试航，已取得了成功。在这个国家缓边境经济合作区里，已有国内外300多家企韭在此安家落户。延边这块熠熠闪光的“金三角”，正抹去荒凉的陈迹，出现在吉林边陲，为改革开放发挥出它的潜力。诸君信否，若干年后，这里将逐步成为东北亚的“香港”。

山水美的交响乐

谢凝高

自然风景是美妙的空间综合体。因此，自然风景的审美是全方位的立体空间的审美。每个风景区都有其美的基调，即宏观美的特征，如或雄、或奇、或险，或秀等。同时每个风景区又是由雄、奇、险、秀、幽、奥、旷等美的景点及彩色、线条、音响、芳香等种种引起人们感觉器官和生理机能愉悦的景观景物所构成的。说风景是交响乐，她不只是给人以听觉美的享受，说她是一幅画，却能进入画中游，说她是一首诗，不仅能获得精神享受，而且还有清泉可饮，新鲜空气可呼吸……因此，风景美可以说是诗、画和音乐美的结合体。以上所介绍的风景区都是侧重其宏观特征，下面则较全面的欣赏一下“水美天下”的九寨沟、黄龙自然风景美。

常言道：“山得水而活，水得山而媚。”当山与水巧妙地组合，相互辉映，就可达到至善至美的境界。黄龙和九寨沟的风景就是如此。它们都是发育在高山石灰岩地区，以湖、溪、潭、泊为特色，山、水、树、石并茂，珍禽异兽所藏的自然风景区，尤其是以高山彩湖、叠瀑等突出景观为基调，雄、奇、险、秀、幽、奥、旷兼备的自然美交响乐。

九寨沟、黄龙位于海拔 2000 米以上，是四川盆地与青藏高原的过渡地带，系岷山山脉的组成部分。构成本区自然景观美的优越条件：一是富有奇特岩溶现象的石灰岩地质基础；二是水量丰富的雪山和溪流；

三是植物茂密，垂直带谱保存完整；四是密林中栖息着大熊猫、小熊猫、金丝猴、天鹅等珍禽异兽；五是居住着独特风情的藏、回、羌等少数民族同胞。这些自然的、人文的景物和谐地融合在一起，就显得特别的美。然而，美中之美，莫过于水的美了。

水有动态美和静态美，静者如湖、沼、潭、泊、池、泽；动者如江、河、溪、泉、滩、瀑等。动者远眺似静，静者近观有动，动静变化、千姿百态乃至无穷。而九寨沟、黄龙之水，无不具备。

当地称湖为海子或池子。九寨沟、黄龙的海子，若以数量论，则数以千计。据粗略估计，九寨沟有 108 个，黄龙竟达 3000 多个；若以大小论，大者长达 7.5 千米，宽 0.5 千米。中者一公顷至上百公顷，小者则精巧如盒似盘；若以湖面的形状论，有孔雀湖、犀牛海、卧龙潭、长海、圆池、扁泽、龙鳞池等；若以水底所见的地形地物论（碳酸钙沉积物形态），又有火花海、卧龙海、珊瑚海等；若以湖中滋生植物论，有芳草海、芦苇海、箭竹海和盆景海等；若以动物栖息论，有熊猫海、天鹅湖、野鸭池等；若以避风静水、水平如镜论，有镜海、倒影海等；若以湖水消涨论。又有涌泉池、转花池、漏斗湖，简直是湖的博物馆。

然而更美的还是水之色彩。九寨沟水的基调是蓝，有浅蓝、粉蓝、钻蓝、靛蓝、碧蓝、墨蓝、翡蓝、翠蓝等。更奇妙的是有许多海子呈现出红、黄、绿、蓝、青等五彩缤纷的颜色。黄龙水景则以谷底乳黄色的石灰岩为基调，以清澈晶莹的流泉和环环相扣、梯叠如鳞的彩池所构成。阳光下，如似闪闪发光的龙鳞。

水色，除了来自水中所含的矿物质外，还反射了湖底矿物晶体的色光以及倒映山石、林木、花卉、白云、蓝天等的色彩。各种矿物质所反映出来的颜色是稳定的因素，而周围植物景观的季节相变化、大自然的阴晴雨雪、朝晖晚霞的倒映，则使水色变化无穷。后者不少地方都可看到，而前者，则难矣！

把数以千计的彩湖联系起来的是飘若日练、舞如飞龙的溪景。九寨

主沟逶迤30多千米，黄龙泉流经7.5千米，流水随山谷地形的陡、折、缓、峻而产生各种各样的叠瀑、飞泉和急滩，从而形成梯湖、叠瀑的特有景观。

若论瀑布的落差，最高的是剑岩瀑布，200多米，穿云悬壁，蜿蜒而下，势如游龙下山。中者几米至几十米，低者不足盈尺。漫彩湖、落梯堤，如白练彩绸绕于湖边。若论瀑布之宽窄，宽者，有200多米的诺日朗瀑布；窄者，如一线相垂的一线泉。有悬泉，有滩泉，有滚水如珠的珍珠滩，有古木虬枝的万景滩，还有“金沙铺地”的黄色岩溶滩等。

千姿百态的飞瀑流泉，演奏出优美动听的水声交响乐。或如惊雷喷雪，激动人心，或如淙淙细流，抒入情怀，或如弹琴，或如击鼓……交响成乐，流落成章。然而它比交响乐更丰富更优美，因为溪瀑流泉。不仅有声有色，而且动静结合，形影变幻。人入其境，五官俱享，六神愉悦。

好水必有好的植被来保护，九寨沟、黄龙，基本上保持完好三个垂直带的原始植被，从沟底海拔2000～2400米的针叶、阔叶混交林带，2400～3200米的针叶林带，直至3200米以上高山灌丛草甸带，无不丰茂郁闭，而且苔藓地衣厚如海绵。除了悬崖峭壁，偶尔峥嵘露石以外，几乎没有裸露的沙土，即使大雨倾泻，依然清流不浊。人们进入黄龙、九寨沟，仿佛进入一个无尘的世界。

30千米的九寨沟，不但水美盖世，而且山岳景观也毫不逊色。如巍巍雪山之雄伟，彩池叠瀑石灰岩之奇丽，高达700多米的峭壁“宝镜台”之险，盆景湖、杜鹃坡之秀，镜海、芳草海之幽，剑峰峡谷之奥，高山草甸之旷等，无不兼备。有诗曰：

碧水苍岭雪峰奇，五彩瑶池银瀑飞。

湖光山色交辉映，九寨风光人间稀。

进入九寨沟风景区，宛如云游在雄奇险秀、幽奥旷美的海洋中，看不尽山山水水美如画，听不完流泉、松涛、鸟语交响乐。至于新鲜空气之甜美，瑶草琪花之芳香，清凉可口的甘泉……真使人享不尽大自然丰富多彩的形象、色彩、听觉、视觉、嗅觉、味觉……之美。这就是置身于优美的九寨沟、黄龙自然风景之中，所获得的全方位的自然空间美的享受。最最宝贵的是这一切都是自然天成的。

登富士山极顶

王大军

汽车在河口湖的路口离开高速公路，面前豁然开朗，日本的象征——富士山的全景清晰地映入我们的眼帘。这就是我们即将登上峰顶认识其真面目的日本第一高山。

天公作美，赏赐我们一个蓝天白云的晴天。昨天，我们中国记者一行五人请的向导鸭志田满先生与我们谈完登山事宜后，顺手将一张纸揉成纸团，又用另一张纸包在上面，封口处用绳扎住。他说，日本人旅行前，都喜欢做这么个纸人，它叫“扫晴娘”，出发前把它挂在门口或屋檐下，向它祈祷：“扫晴娘，扫晴娘，保佑今天晴朗朗。”这样，就能赶上好天气。“鸭志田满君，你的祷告应验了。”我向他开玩笑。他立刻说：“嘿，那是迷信！天晴是诸位运气好。”

面包车驶上蜿蜒曲折的盘山公路。柏油公路两侧是茂密幽深的原始树林。鸭志田满说，这就是富士山麓有名的“树海”，里面有各种珍禽异草，但一般人不敢进去，因为很容易迷失方向走不出来。这里也是日本的自杀“胜地”之一，时常有些厌世的人，包括青年男女，来此自杀。

山麓还有“风洞”、“冰洞”、“观红叶台”等名胜；山下则有“五湖”、“八海”、“白丝瀑布”等胜景。富士山自古以来一直是日本艺术家喜欢描绘吟咏的题材。例如江户时代的著名浮世绘画家葛饰布斋就曾画有《富岳三十六景》、《富岳百景》等饮誉艺苑的绘画作品，受到后人的热爱。

富士山海拔 3776 米，但它的高度在当地是用“合（读 gě）目”来表示的。日本人把圆锥形的富士山比作量具的升，按中国十合为一升的市制容积单位，把这座山自下而上分为十合，每两合的交界处称为“合目”。

汽车过了四合目，就可看到树术低矮了。杉树的顶部光秃秃的，有的枯枝树皮已经剥落，一派萧瑟景象。我们早就听鸭志田满说，山上气候变化无常，本来好好的艳阳天，突然会风起云涌，或大雪纷飞，或冰雹骤降。下雨则是经常的。一年之内，好天气不多见。树木下边，裸露的岩石越来越多，一色焦渣一样的火成岩。这是一座休眠火山，它的名字的发音“FUJI”，就来自日本少数民族阿伊努族语的“火神”，经过几百次火山爆发，才形成今天的样子。最近一次爆发发生于 1707 年，那次喷到空中的火山灰也飘落到东京的房顶上。

下午三时许，我们到达山腰的五合目，这是公路的尽头。这里的海拔高度是 2300 米，从山下吹上来的微风带来阵阵寒意，我们不得不把绒衣绒裤穿上。一下车，就有一个脸色黝黑的小伙子迎上来，给每人递上一张纸片，说拿它可以到旁边的商店里兑换纪念品。这是商店招徕顾客的一种手段。纪念品是一个带有“富士山五合目”字样的小铃铛。

五合目是登山者的大本营，这里商店、饭馆、旅店等旅游设施一应俱全，并且备有七八匹马供游人骑用。一匹马可同时骑两个人，路程仅限于至六合目之间，骑一次要花 1500 日元。

离天黑还有两三个小时，为了减少第二天的路程，我们决定再往上登一段。

离开五合目没多远，连较矮的乔木也没有了，只剩下稀疏的青草和灌木。越往上走，绿色就越少。一眼望去，多是松散的火山灰渣和岩石。山路是用小型推土机和人力修出的“之”字形路，由于灰渣多，有

时踏下去会打滑，但总的来说还算好走。到登山旺季，听说这两米来宽的山路上拥挤不堪，路基经常坍塌，造成不少伤亡事故。

越过六合目后，暮色渐浓。山路陡了一些，我们的脚步不再像起初那样轻松，队伍逐渐拉长。每人的帽沿下和脖颈都散发着汗水的蒸气，我感到内衣也被汗水浸透了。尽管如此，谁也不敢脱外衣，裹着轻纱般薄雾的山风不亚于初冬西北风那样刺骨。

过不久。前方山路上出现许多长条形的平房，有的涂成白色，有的粉红色，给空旷的山野增添了生气。这是向登山者提供食宿的旅店，当地叫它“山小屋”。夜幕降临后，我们在七合目至八合目之间、海拔高度为 2900 米的一家叫“东洋馆”的“山小屋”住了下来。

“东洋馆”依山而建，钢铁骨架倒也结实，墙壁均用木材。房顶压满石块，可能是为了防止大风把它掀掉。进门处是一个有十四五平方米的长方形房间，地上铺着“榻榻米”草垫席，这是为旅客一进门就可躺下或坐下休息而准备的。后面是厨房，右方有一走廊，连着两大客房，里面设有像兵营里的对面两层的木板通铺，铺上摆着一套套被褥。据说共有 500 个床位，挤一下可容纳 800 人住宿。

我们六人在光滑洁净的草垫席上歇下后，热情的主人送来一壶热茶，我们当即很快就喝光了。鸭志田满曾对我们说过，富士山上用水很困难，平时用的是储存的雨水，不够了要下山去背。因此我们谁也不好意思再要。可是不一会儿，主人又送来一壶滚烫的茶水。当我们得知主人是给中国客人特别优待时，都十分感动。水是这样珍贵，显然，洗脸烫脚是不可能的。用过晚饭，大家换下被汗水浸湿了的内衣，到门前俯瞰一会儿山下富士吉田市的夜景，然后围到房间中央吊着“吱吱”作响的大铜壶的炭火坑前，和旅店主人拉开了家常。

“东洋馆”主人脸庞瘦削，老成淳朴，有点驼背。当我们知道他只有 32 岁时都吃了一惊，我还以为他至少有 40 岁呢。他说他叫五十岚幸男，初中毕业后就到这里工作。富士山每年自 7 月 1 日至 8 月 31 日

（天气如果好可晚一些）开放，允许登山。所有的“山小屋”只有这时才营业，经营者在其他时时间从事别的工作。16 年来，五十岚先生练就一副好腿力，每天要去五合目四次，每次要背 60 千克东西上来。

据五十岚先生说，如今，只要是开放季节，谁都可以登富士山，而古时候却有许多清规戒律。最可笑的是禁止妇女上山，理由是妇女为“不净之物”。这一规矩直到明治五年（1872 年）才由政府下令废除。现在每年 10 万名左右的登山者中，就有不少妇女，有的还带着娃娃。每年 7 月中旬至 8 月中旬，山上气候相对稳定，很少下雪，是登山集中的时期。那时，富士山的四条登山道路上，登山者比肩接踵地排着队往上走。

夜里，我们和衣躺在板铺上，感觉和五十岚说的一点不差：由于山上空气稀薄，加上为了御寒又不得不盖上足有八九千克重的陈年棉被，我们一个个呼哧呼哧地直喘气，像患了重病一般。这是高山反应，除难以入睡外，对身体倒没太大影响。约莫到了深夜，刚刚进入朦胧状态，又听见成帮结伙的带着手电筒的登山者陆续前来投宿，其中还有中年妇女们的笑声。后来听见她们就睡在我们对面的下铺，躺下后还在低声说笑。

第二天凌晨四时半许，登山者纷纷起床，说是看日出，日本人叫做看“御来光”。我走出门，天已放亮。站在门前，恍若高立云端，瓦蓝瓦蓝的天空挂着一弯淡白的残月，面前是苍茫壮阔的云海。五时左右，东方出现灿若绸缎的彩霞，约 15 分钟后，太阳从云霞中露出火红的脸庞。然而只过了二三分钟，它的颜色就渐渐淡了下去，接着使射出耀眼的光芒。

这时，五十岚先生不知从哪儿背来一个烧饭用的大煤气罐。“诸位运气好，赶上了好天气。一般到了 8 月底是不大容易看到这么好的日出的。”他一边放煤气罐，一边对我们说。离开“东洋馆”往上走不到 50 米，便喘个不停，好像心脏要从胸口跳出来似的。走几步就得站一站。

说来也怪，只要停下来，呼吸很快就正常了，可是一抬腿，就又喘起来。

途中，不断遇到从山顶下来的人，他们是已经看了日出下山的。在山上，人们比平时更加客气，上山和下山的人走近时，不论相识与否，都互相主动问好，这似乎是一条不成文的规矩。据说这种做法一能起到相互鼓励的作用，二能免除相互的戒心，三能减轻在这荒山僻野的寂寞心情。一个下山的日本青年还将他在五合目买的登山用的称做“金钢杖”的木棍送给我的旅伴。

八合目以上，有一部分山体火红火红的，十分美丽。其他大部分山体呈浅黑色，有的地方长着绿色的苔藓类植物。据说山上没有什么动物，但我们看到过一种和百灵一般大小的鸟，在岩石上跳来跳去的“岩雀”。

山顶终于在望了！前面呈七八十度陡坡的山路上，出现了一个精雕的石牌坊，这大概就是富士山的“南天门”吧。牌坊下是一段很陡的石阶，两侧摆有一对威武的石狮。石狮旁有块石碑，上刻红字：“第 33 次登上富士顶纪念奉献”。山上还有不少类似的东西，都是人们为纪念多次登上富士山而奉献的。据鸭志田满说，日本人传说老人登富士山会增寿。不管是真是假，富士山在日本人心目中占有多么重要的地位可想而知。富士山从下而上，自古以来建有不少大大小小的神社，过去的登山带有浓厚的宗教色彩，现在则主要是旅游活动了。登上山顶，小广场上摆有几条长凳供游人休息，人们把它叫做“富士银座”。看来这里将来可能会成为日本最高的一条繁华街道。

山顶上冷极了，拍照时手都难伸出来。鸭志田满找了个背风处，支起旅行煤油炉，给我们煮了茶温暖身体。从房屋后面，飘来一缕缕云雾。我们绕过房屋，一个巨大的火山口豁然出现在面前，令人毛骨悚然。火山口直径约有 700 米。我鼓起勇气向火山口边缘走去。透过雾气，倒是清楚地望见 200 多米深的火山口底，那是些淤积的泥沙和四周滚落下去的石块。火山口壁上，有一些终年不化的积雪。我们对面的制高点上，有座白色水泥建筑物，上有半球型屋顶，这就是著名的富士山气象站。

我们沿火山口往前走。在一大块较为平坦的低洼处，看见地上摆着许多用白色石块组成的人名，有日文的，也有英文的。这是属于“××到此一游”一类的“作品”。白色石块是能下去的人从火山口断面捡来的。远远望去，白花花一片，起初我们还误以为是墓地呢。快到气象站的地方，还有一个几米深的小喷火口，当然，它与那大的火山口相比是小巫见大巫了。气象站斜对面建有富士山资料馆。遗憾的是那天没有开放，我们未能参观。绕大火山口走一圈，花了整整1个小时。

“会当凌绝顶，一览众山小。”富士山周围，无边的云海翻滚着波涛；远处的山峦，依稀可辨。站在扶桑之巅，我们的心情十分激动。鸭志田满开始采访我们了，他说：“1983年8月31日，富士山顶留下了第一批中国记者的足迹。请问，你们的感想如何呢？”

登乞力马扎罗山

邱云智

新中国曾在非洲援建过一条著名的铁路叫担赞铁路。其中的“坦”指坦桑尼亚，“赞”即赞比亚。这条铁路将两国联在一起，促进了两国及东南部非洲的经济发展。“坦赞铁路”是中非人民友好的象征。1997年1月5日，亿万中国人通过电视再次把目光聚集到坦桑尼亚这个遥远的国度。这次是两位立志征服世界七大洲最高峰的中国登山健儿——李致新、玉勇峰将鲜艳的五星红旗插在一片莹莹白雪中的激动人心的画面。电视画面中两位中国骄子所处的位置正是位于坦桑尼亚东北部的乞力马扎罗山顶峰。

乞力马扎罗山国家公园于1968年建立，以此山的最高峰乌呼鲁峰为中心，原名基博，坦桑尼亚独立后，更名乌呼鲁（uhwm），意为“自由”。两面和南面位于坦桑尼亚和肯尼亚两国国界，全园面积756平方千米。乞力马扎罗之名大有来头。乞力马扎罗出自斯瓦希里语（东部、中部非洲最通行的“地区性国际用语”，为坦、肯两国的官方语言）原文Kilimanjaro。通常的说法，乞力马扎罗之意为“光明的山”或“明亮的山”，“明亮美丽的山”。据考证，原名由Kilima（乞力马）。njaror扎罗）两部分组成。与外国人名一样，山也是“名”在前，“姓”在后。当头的Kilima意为“山”——但不是一般的山，而是“孤零零的山”，简言之即“孤山”；njaro是宗教中的神话用语，意为“司职寒冷之神”，合在一起便是“司职寒冷神居住的孤山”。

乞力马扎罗的“孤”与“寒”为这个国家公园平添胜景与魅力，也是她被建为国家公园的主因之一。辽阔的非洲古大陆整体上是一块古老的高原，这一高原沙漠广布，坦荡辽阔。乞力马扎罗却卓然不群，它在大高原上突兀耸天，气势非凡，海拔 5895 米，为非洲最高峰。若把世界七大洲最高峰排座次，它位居第四位。乞力马扎罗山如非洲大草原上迷人的长颈鹿探首云中，挺胸自大，它为此而“孤”；其次，世界其他各大洲的最高山峰，都是直接构成一系列山脉的基干，或是矗立在山脊线的近旁，和同一山系的众多峰峦，或密迩，或遥望，每每逶迤相接，隐约相连，总的轮廓看上去，声势浩大，延绵不绝，这些高峰如一和谐乐曲的高潮部。而乞力马扎罗山，左边只与南北纵贯的地球上最大的“伤痕”——东非大裂谷为邻，根本没有任何的山系可言。它简直就是单个地突兀而起，孑然而立于方圆几十千米的地段内（山的基座周长 72 千米，宽 56 千米）“平步青云”，“自立为王”。其西边离它最近的梅鲁尖山也在 80 千米以外。无怪乎国外有人惊叹道：“它好像史前时代一个圆背的巨型怪兽，倏地从弥天大雾中拱出来。”乞力马扎罗从山脚到山顶的降温如它于平原上高突而不循常规。乞力马扎罗位于南纬 3°04′，是世界上距离赤道最近（约 300 千米）的高大山峰，赤道气候炎热，山脚多年的平均气温为 21℃，有记录的气温最高可达 59℃，但在峰顶，温度常年在－34℃，终年冰雪覆盖，寒风怒号，故有“赤道雪峰”之称。平时，山峰云缭雾绕，变幻多端，给人以神秘莫测。飘忽不定的印象。而当云散雾开时，冰晶玉洁的山顶在赤道骄阳的照耀下，呈现出五彩缤纷、绚丽夺目的奇景，这是它获得“光明山”的原由。

今日的乞力马扎罗山虽玉冠顶戴，但它却曾异常热情，热情得胜过赤道的骄阳。将来它若再度热情时，人类也将难以承受。因为它是一座睡着了的火山（休眠火山）。就高度而言，它是世界火山之王。地球深处灼热的岩浆曾从几个地方齐奔太空，这可以今日的几处火山口为证。

如今仍有一处还不时地冒出缕缕青烟，似乎是乞力马扎罗山的寒冷之神偶尔凡心萌动，正烧火做着人间饭食。在这些火山口中，主峰乌呼鲁上火山口最大，直径1800米，深达200米，因山顶气候寒冷，火由口内的积水凝结成坚硬厚实的冰块。在飞机上俯视，就像一只晶莹耀眼的大玉盆。底部有一根根巨大的冰柱，有的长达30多米，千姿百态，景象十分奇特。当地人民根据乞力马扎罗曾为火山，今有冰雪覆盖的景象编就了许多美丽的传说，这些神话凝结了当地非洲居民的纯挚情感和善良愿望。我国的读者也许早从美国作家海明威的作品中，领略过乞力马扎罗山的风采。

乌呼鲁山的积雪成冰，向山下移动，形成冰川，可下滑到海拔4300米附近，为一大奇观。

乞力马扎罗山是一座神圣的山，它浓缩着地球的千姿百态。让我们去登登它吧。从山脚至1000米高度内，位于赤道地区，终年高温潮湿，人们用“烈日炎炎似火烧”、“热得像蒸笼”来形容——山麓最热可达50℃以至更热。这样气候下的植被叫热带（赤道）雨林。林间巨树遮天，盘根错节。树的根成大木板状，部分没入土中吸取营养，部分则显露于地面。树根成此形状是为支撑巨大的枝干，是自然选择的结果。树叶端尖，挂露披珠，绿绿的苔藓裹枝包干，巨藤扶爬，柔蔓倒挂……它们把空间织成一张厚厚的绿色大网。1000米高度到5000多米的山顶是一个直坡，这是世界最高的连续山坡之一。当攀至1000～2000米高度，从植被看，这里景观如中国长江流域的森林一样，树叶宽展，终年披绿戴翠，充满生机，年平均气温比热带低，称为亚热带，植被也因此叫亚热带常绿阔叶林。攀行到2000～3000米高度上，景色再换，树叶或呈长针绿刺，或中间夹一些阔叶绿树。但它们会春发鹅黄，夏笼光绿，秋飞黄叶，冬立光枝。一年景象四异，这叫温带森林带。随坡而升，过3000米，全年雨水不多，气温较低，树木难耐，不再以此为家。但需水较少的草木却视之为“桃花源”，世代安身繁衍，这一带是挂在乞力马扎罗颈项上的翡翠项链。因为这里绿草如茵，走在上面，软松松而富弹性。春夏季节，草长花飞，甚至有的在一棵植物上，盛开着两种或三种颜色的鲜花，美丽异常。科学上把这样的景观叫高山草甸带。4000～5000 米，天寒地冻，寒冷吓退了树木，吓退了小草，成了不毛之地。这是乞力马扎罗的脸部，它以严肃的表情注视着非洲，这叫高山寒漠带。5200 米以上，是乞力马扎罗的峰顶区，山巅温度可降到－30℃以至更低，积雪不再融化，乞力马扎罗因此有“赤道雪峰”、“火盆里的白雪公主”等封号。5200 米以上的地带叫积雪冰川带。

当我们从乞力马扎罗的山脚攀登到峰顶，在垂直的高度上走过 4000 多米，从在雨林中奋力，到最后在雪峰欢呼胜利，意味着我们就像从赤道出发，走到南极一样，目睹了世界上所有的生态类型。到乞力马扎罗公园登山，共有 6 条线路供你选择，从马兰谷出发的线路是它最古老的传统登山线，登山一般需 5 天时间，晚上可下榻于山舍之中。

灵渠徜徉

沈仁康

我们到达广西兴安城边，猛然有一阵奇异的清香飘来。原来农贸市场到了，数不清的成熟了的柚子，装满了箩筐，摆满在地上。这空气里的异香，是柚子沁发的；闻到这股香味，我们精神又为之一振。

我们到兴安来是参观灵渠的，这里清新、甜润、飘香的空气却首先给了我们难忘的印象。

我们从兴安城沿着灵渠上溯。当年，灵渠两岸，有繁盛的市街，有迭迭的帆影，有喧哗的市声，艨艟大船在宽宽的河面上来往漂驰，沟通南北。这是我国最古老的一条运河了。现在已没有舟楫之利了。方便的陆上交通早已取代了它的地位，它现在是一条灌溉总渠，滋润着沿岸2000多公顷土地。渠面并不宽阔，小溪一样清澈见底。垂柳桃林，小桥流水，是一派江南风光。据说到了春天，桃花盛开了，一片粉红颜色，似霞似雾，把灵渠两岸装点得桃花源一般，“夹岸数百步，中无杂树，芳草鲜美，落英缤纷”。从兴安县城到南斗阁的三里地面，成了一个浓荫夹路、繁花争艳的花园。

我们在这个没有多少人工斧凿的花园里向北走去。啊，三将军墓！民间相传，张、刘、李本是三位工匠，后来封为将军的。刘、李在监凿灵渠时，完不成而被杀；张完成了，但他是在被杀的同伴的基础上完工的，功成之后，他不愿掠前人之功，也自杀了。两千多年前，我们伟大的民族，伟大的先人，就有这样高尚的、血性的品格，难怪人民至今还在纪念这样的只知姓而不留名的义士。啊，苏家桥！半圆形的石拱桥，飞虹一样坐落在灵渠之上，在红花绿叶的倒影之中，添上了圆形的晃动的倒影，是画，也是诗。啊，飞来石！据说当年修堤凿渠，屡修屡垮，从四川峨眉山飞来了这块独石，才镇压了作怪的妖魔。这块灵石上，刻满了历代的题记，闪耀着古文明的光辉。再往前走，便是四贤祠，供祀的是秦代的史禄（是他领导修建灵渠工程）、汉代的马援（他是开发岭南的有名将领）、唐代的李渤和鱼孟威。

过了四贤祠，便是秦堤了。

几里开外，我们就听到了潺潺的水声了。这水声，从公元前二百多年响到现在。水声中，一代又一代的人消逝了，但水声永恒！它在歌唱着什么，它在歌唱着人的伟大，劳动的伟大。

站在秦堤旁的南斗阁上，只见秦堤像犁头一样，坐落在湘江之中，堤高丈余，长约半里，是一条大石砌成的拦河坝。犁头尖，叫“铧嘴”，把湘江之水分为两份，十分之七流入北渠，再注入湘江，北渠长四千米，十分之三注入南渠，也就是漓江的上游，南渠长 30 多千米。所以有“三分漓水七分湘”的说法。我们的先人，想出了这么精确而巧妙的分水法，实在叫人惊叹不已。在秦代，我们民族的科学文化已有高度发展了。谁置身在这潺潺的、不息的水声之中，无不体会到气魄宏伟的古文明的熏陶。

灵渠又叫湘桂运河，与万里长城、都江堰共称为秦代三大工程，这三大工程至今还屹立在我们国土上，还在发生效用、放射光彩。湘江发源兴安的海阳山。流入长江，属长江水系，漓江发源予兴安的螺蛳岭，经桂江流入珠江，属珠江水系，它们的入海口相距几千里，它们的发源地却靠得很近，不过 30 多千米，为一片山地间隔着。湘桂运河就是凿通了这片叫城台岭的山地，沟通了长江珠江两大水系。当初这种设想，就非常大胆、非常惊人、非常智慧，把三分湘水调入灵渠，以利通航，

这不是南水北调，而是北水南调。由于运河要通过山地，便在河道上设了许多斗门。我们现在知道的是，唐筑十八斗门，宋改三十六斗门，清为三十二斗门。顺次启闭，增高水位，让运粮的漕船越过高地，往返南北。这种斗门的设计，便是近代船闸的祖先，是世界上最早的通航创造。

灵渠的两大工程，便是铧嘴分水工程和运河开凿工程，今天我们站在这样的伟大工程面前，真有点愧对祖先。

我们从南斗阁上走下来，赤着脚，嘴里哼着“沧浪之水清，可以濯我缨；沧浪之水浊，可以濯我足”，在秦堤上走着。那水真清呀，碧绿碧绿的。岁月久长，水流把秦堤上的大石块磨得平滑如镜。石缝里长满了不知哪个年代的青苔水草。人们高声欢笑地在水中跳蹦着，上了年纪的人也像孩子一样天真。不过，对于秦堤来说，多大岁数的人也还是娃娃，尽管用自己的童真来嬉笑欢跳好了。秦堤下面，有一大段湘江废河道，厚厚的砂石之间，长满了参天古树，古树林里有炊烟升起，是人们在野餐，在领略野外生活的一点真趣。在似画如绣的环境里，在大自然的怀抱中，人们变得单纯而天真。

我走到秦堤中间的小亭里，那里有一块大石碑，上面刻有清代查淳写的“湘漓分派”四个朱红大字，很有点气魄，很有点古意。这几个字，不知怎么的，把我们引进了古远的遐想中去了……

秦始皇统一中国后，在位十二年。这十二年可以说是劳民伤国的十二年。当时全国人口两千万，便发了三十万大军攻击匈奴，发了五十万徭役修筑长城；在长安西南造阿房宫（后来项羽入关，焚烧宫室，大火三月不熄）；在骊山之麓造自己的陵墓，动用一百五十万劳力，光造陵墓一项，七十万人干了十几年，占用全国十分之一以上的丁男；还有，令史禄率五十万人开拓岭南，其中包括用数十万人修凿灵渠。再加其他杂役，奴役人数总数在三百万人以上，远远不是当时人力所能担负的。维持这种统治的惟一办法。就是酷刑和杀戮。

维持这么庞大的军队和徭役，就需要大量粮食，就需要开拓疆土和夺取粮食。秦始皇开拓岭南，把大批南粮．通过湘桂运河漕运到北方，事实上从那时起，就把以粮食生产为中心的、单一的农业经营思想带到了岭南。在肥料等其他条件不倍增的情况下，要增收粮食只能靠扩种。扩大耕地面积，势必垦山毁林，造成水土流失、地力贫瘠、破坏生态平衡……这样在不断的要粮食的命令下，只能不断开荒，形成几千年来的恶性循环。可以说，这种以粮食生产为中心的、单一的农业经营思想，从秦始皇起，就给岭南带来了灾难和破坏。

灵渠、长城，作为劳动人民的血汗结晶、智慧创造，是伟大的；作为封建专制统治者的暴政，不得不使我们同情祖先的灾难性命运。

永恒的玉龙雪山

廖 奔

五月，去云南丽江登玉龙雪山。这可是一个天外飞来的机会。

玉龙雪山在横断山脉南端的云岭旁侧。金沙江流经这里。折成一个急遽的回褶。玉龙雪山就像在这个加褶的裙衣上，缀了一颗璀璨的珠子。

从丽江沿坝子开车北行。坝子的北面，远远横过一道雪山，有烟雾缭绕其间，像条玉龙在那里卧云寝雾，这就是玉龙雪山了。汽车笔直地朝它开过去，雪山的轮廓在缓慢地增大。

玉龙雪山在地图上的标高是海拔 5596 米，如果选择四岳的标高作为对照，东岳泰山是 1524 米，南岳衡山是 1290 米，北岳恒山是 2710 米，西岳华山是 1997 米，都成了它的小弟弟。

玉龙雪山其实并不高大，只是因为站在云贵高原上，山借地势，就高高耸向了大气层。在世界上的雪山中，它也只是一个小弟弟。就在它北面不远的梅里雪山，海拔是 6740 米，比它高出一个脑袋。想想看，它的位置在云南，为北纬 27 度，在地球上与同纬度的城市比较，它和贵阳、昆明、福州接近，而南于新德里和开罗，这些在我们的概念里都是南方城市，它是北半球最偏南的一座雪山，也是世界上接近赤道的一座雪山。

特殊的地理位置，给了玉龙雪山以特殊的景观，不像其他雪山那

样与生命绝缘，除了光秃秃的岩石就是皑皑白雪，朔风凛冽，万里冰封，玉龙雪山除了山峰永冻的部分以外，其他地方都是终年长青的植被，翠绿的山峦，茂盛的原始森林，还有雪峰拥抱中的美丽草甸子——云杉坪，这使得它的景色极为秀丽，远远望去，玉龙雪山上部雪白，下部苍翠，就像一条卧在绿色花丛中的玉龙。眺望玉龙雪山给我的感觉是神秘而温馨的，与祁连山的严酷狞厉不同。它带给人以更多美丽的遐想。

我久久凝视着这不可思议的自然造化物。用天工开物、鬼斧神工一类词汇不足以表达其瑰丽神奇于万一，面对这伟大自然力的作品，你只有慨叹人类的微末和渺小。我想，人类的自然崇拜大约就是由此而起，丽江一带多民族中盛行着各类自然宗教，许多与玉龙雪山有关。古往今来，又有多少哲人拜倒在玉龙雪山的脚下，只要有一定文化底蕴的人，身临其境很少能挣脱这宗教般的体验。

汽车沿盘山公路开到山半腰的一处坝坪停下，来到一个缆车站，标志牌上的标高是海拔 4600 米。排队改乘缆车上行。这是前后两排六人座的封闭式缆车，我在前排坐好，透过玻璃罩向前望去，索道直直地伸向上方云雾中，简直就像是在垂直爬高。我明白，这是因为要在极短的距离内迅速拔高 1000 米。还没走出多远，坐在后排的女士开始惊叫，因为缆车倾斜太厉害，觉得自己要掉向下面的深黑山凹。

山势极陡，缆车就像直升飞机在绕山飞行，时而与陡峭的崖壁擦身而过，时而进入迷蒙的云雾。初时，下面还是茫茫林海，各类高山植被浓密地生长，银杏、楸树、紫藤、铁杉、侧柏、皂荚、漆树、樟树、桉树，一派郁郁葱葱。随着海拔高度的上升，渐渐地，植被成为单一的雪山松，它们生长在岩石缝隙里，苍凛瘦瘠，顽强抗拒着从山口倾泻下来的雪流的侵凌，傲岸的枝头撑着厚厚的雪褥，再向上，植被消失了，只剩下裸露的铁青色巉岩，它的粗糙皱纹里揽着缕缕雪痕。

玉龙雪山的美是不可描画的。你即使画出了它的情态，也决不能传达出它的神韵。我听到这样的故事：20 世纪 40 年代，杭州艺专一位有志气的青年画家，背负着行囊画笔来到丽江，被玉龙雪山的壮丽所震慑，他流连忘返，四处写生，画笔在画纸上飞速滑动，草出一张张令人叹服的雪山素描图。他希望能够借助大自然的力量，创立出自己独特的“雪山画派”。但经过了一次次的尝试，最终，他认为自己的画笔无法传达出玉龙雪山造化天工般的神韵，承认了自己的失败。为了不玷污雪山的风骨洁操，他把自己的画箱埋在了白雪下。悲哀地离去。这个青年画家就是后来的东巴文化和美术史研究专家，台湾“故宫博物院”副院长李霖灿教授。

阳光照耀在雪峰上，使它像冰雕一样熠熠闪光，把充作背景的天空映衬得湛蓝。我知道，这是上天对我们的垂青，并不是每个人都随时有机会瞻仰雪山容颜的。1978 年画家吴冠中来到丽江，恰巧碰上烟雨迷蒙的连阴天，雪山在云雾中隐藏着真容，不肯向他显露。吴冠中对于玉龙雪山的向往也始于当年李霖灿寄给他的明信片上的速描，他已经在心底期盼了数十年，这次好不容易来到山脚下，他不甘心就此放过，他在山麓林场住下，啃干馍，就辣椒苦苦地等待。十几天后，才在一个万籁俱寂的月夜，玉龙雪山翩然揭开面纱，露出了它神圣皎洁的脸。吴冠中心底所受到的震慑是可以想见的，我们今天能看到他当时席地泼墨画下的一系列写生作品，那里面透示着强烈的憧憬与崇敬。

这是真实的自然，粗犷，任性，桀骜不驯，用难以预料的脾性和随时发作的怒火，把它的内心封存起来，面把人类的好奇挡在外面。它在自己的深处保留着一片隐秘，一片永远封冻而不愿为人所知的神秘。如果你对它有足够的尊重与崇敬，倒是可以得到它的慷慨庇护。在“香格里拉”生活了 28 年的美籍奥地利人类学家洛克，曾想用自己的全部藏书，换得玉龙雪山下一方埋葬自己的净土，可惜未能如愿。李霖灿教授在世界上浪迹萍踪一生，自知不再有机会回到玉龙雪山，剪下一缕白发托人带回，葬在它的岩石下——他的灵魂在雪山佑护下得到了永恒。

二、江海泛流

天下壮观钱江潮

沈治平

人们提起被赞誉为“天堂”的杭州，常常会联想到西湖的碧波、涟漪；岸边的桃花、柳絮……然而，诗人白居易却在《忆江南》一词中叹道：“江南忆，最忆是杭州。山寺月中寻桂子，郡亭枕上看潮头，何日更重游。”可见，最值得诗人怀念的，还有八月的桂子和钱江的大潮。

身居杭州多年，每到秋高气爽、金桂飘香时节，几乎都想去看看这惊鬼神、动天地的钱江大潮。然而，世上的事就是那么怪，越是居住在“天堂”里，越不急于去观赏这闻名天下的奇观。

今年，总算下了个决心，约了几位挚友，去一偿平生宿愿。钱江潮以秋涛为最大，是钱塘八景之一。钱江观潮的历史，从汉魏、六朝时便已开始。晋代大画家顾恺之曾作有《观潮赋》。北宋诗人苏东坡在杭州做太守时，也有佳句咏颂钱塘江的八月秋涛：“八月十八潮，天下壮观无！鲲鹏水击三千里，组练长驱十万夫，红旗青盖互明灭，黑沙白浪相吞屠。”到南宋时，定于每年农历八月十八日（所谓“潮神生日”），在钱塘江上校阅水师，于是，中秋观潮之风益盛。届时，杭州城内万家空巷，倾城而出，江堤上车马纷纷，比肩接踵。据《武林旧事·观潮》一文中记载：“吴儿等泅者数百，皆披发文身，手执十幅大彩旗，争先鼓勇，溯迎而上，出没于鲸波万仞中，腾身百变，而旗尾略不沾湿，以此夸能。”当时观潮之盛，由此可见一斑。

车到海宁县盐官镇，跨过一座小桥，再穿过一片密密麻麻的芦苇，便登上了观潮的防波大堤。一登上大堤，天地豁然开朗；本来站在公路上被芦苇挡住视线的开阔江面，此时，一望无垠，尽收眼底。曲曲弯弯的防波大堤，临江一面，是大块方石砌成的鱼鳞状石塘。一片如茵的绿草，顺着蜿蜒曲折的江堤，伸向远方。大堤里侧，则是一溜石砌台阶，正如运动场上的梯形座位，可供游人或坐或站。石阶后面，即是那排绵延百里、随风摇曳的芦苇，宛如一道绿色的屏风，隔开喧嚣的公路、城镇，使得江堤上分外静谧、洁净。

世界各地的江海，因月亮和太阳对地球的万有引力关系，都有潮汐现象，江潮日夜两次，白天谓潮，夜晚日汐。钱塘江潮之所以特别宏伟，甲冠天下，是因为钱塘江出海口——杭州湾的地形特殊，得天独厚之故。杭州湾出海口宽达上百千米，到了澉浦，即收缩到 20 千米，而到盐官镇附近，江道又猛收到 3 千米左右。因此，杭州湾口大里小。外宽内窄，状似一只大喇叭。海潮来时，以每秒 10 米的流速，簇拥着大量海水，向内江迅速推进。由于江道骤然变窄，故大量潮水被两岸夹住；又加上这一带河床相差较大。因而前后浪头重叠、互相拥挤、堆积，激起一道高达数米的白浪水墙。形成千古称绝、名闻中外的钱江大潮。

端在堤上，东望海口，烟波浩淼，水天相接，浑然一色，西望上游，波光粼粼，赭帆点点，柔波如语。真是江阔天高，令人心旷神怡。谁又能想到，这样平静的江面，会突然掀起滔天排浪呢？

我正在沉思遐想，不知谁喊了起来：“潮来了！潮来了！”我赶紧举目眺望，只见一条白线在水天相接处的江面上蠕动着。侧耳细听，可闻隐隐的隆隆之声，犹如闷雷在天边滚动。

几分钟后，潮头渐近，那条细细的横江白练，变作互相追逐、翻滚嬉戏的银色“鱼群”，在竞相逐流而上。

接着，潮头更近了，“鱼群”变作一排“烈马”，在万头攒动，怒耸自鬃，撒蹄飞奔。此时，潮头已是“涛来势转雄，猎猎驾长风，雷震云霓里，山飞霜雪中”。其声阵阵，响如奔雷，震撼山岳。

等潮头到了跟前，又似一堵翻江倒海、喷珠溅玉的水墙，浊浪排空，拍打着江堤，掀起丈把高的浪花，令人胆战心惊。大有“银涛耀目，雪浪吞天，声若雷霆，势不可御”的雄壮气势。

一转眼，潮头越过面前，带着一排又一排的长浪，像万马千军，席地而卷，呐喊着、嘶鸣着向上游奔去。宋人王炎的诗句：“潮来溅雪欲浮天，潮去奔雷又寂然。”正是潮头从跟前一跃而过时那种动人心魄的生动写照。

大潮过去了，但是在归途上，我却看到另一种更为雄伟壮观的“大潮”，那是由观潮的人流组成的“大潮”。

壮丽的亚马孙河

苏振兴

亚马孙河是拉丁美洲人民的骄傲。它浩浩荡荡，千回百转，蜿蜒流经南美洲的八个国家和一个地区，滋润着700多万平方千米的广袤土地。无怪拉丁美洲朋友自豪地说："安第斯山是我们的矛，亚马孙河是我们的盾。"

据考证，亚马孙河原来并不叫这个名字。它是1500年1月由西班牙航海家亚涅斯·平松首先发现的。当时，平松站在这条河下游的入海口，看着那水流湍急、烟波浩渺的壮观景象，误以为这是一个大海，于是就把它起名为"圣玛丽亚淡水海"，这样一直叫了好多年。1542年，西班牙殖民者弗朗西斯科·德奥雷亚纳为了寻找传说中的"黄金国"，率领一支探险队翻越安第斯山，从上游乘船沿着主流向东驶进。途中，这支探险队遭到了一个印第安部族的袭击。这个部族的妇女，骁勇善战，使胆战心惊的殖民者想起了希腊神话中关于亚马孙女人国的故事。传说中的亚马孙女人国在黑海小亚细亚半岛卡帕多西亚一带，那里的妇女个个勇敢尚武，视死如归。印第安妇女的顽强抵抗使这些入侵者在惊恐之余产生了敬畏，因此就把这条河改名为亚马孙河。

亚马孙河是世界第一大河。它不仅是全球流程最长、流量最大的河流，也是流域面积最广的河流。多年来，国际地理学界一直认为埃及的尼罗河是世界河流之冠，但不久前美国地质考察家的反复测定证明，亚马孙河是世界上最长的河流。它发源于秘鲁库斯科以南的华格拉山，上游是阿普里马克河和乌卡亚利河，在穿越辽阔的南美溯大地以后，最后在巴西马腊若岛附近注入大西洋。河流全长 6751 千米，比尼罗河长 80 千米。每年注入大西洋的流量达 3800～4700 千万立方米，平均每秒钟流量约 10 万立方米。它共有 500 条支流，其中 1000 千米以上的支流有 200 多条，这些河川交织成 6 万千米的亚马孙水系网，其中可以通航的有 2.5 万千米。亚马孙河及其主要支流流经玻利维亚、秘鲁、厄瓜多尔、哥伦比亚、委内瑞拉、苏里南、圭亚那和巴西八个国家以及法属圭亚那，流域面积达 700 多万平方千米，约占南美洲总面积的 40%。亚马孙河的入海口呈巨大的喇叭状，因此海潮可深入大陆 600～1000 千米，潮头高度一般为 1～2 米，大潮时可达 5 米。每逢涨潮时，汹涌的浪潮滚滚而来，气势磅礴，几千米外都能听到潮水的吼声。

亚马孙流域地处赤道附近，气候炎热潮湿，雨量充沛，年平均温度在 25～27℃之间，年平均降水量达 1500～2500 毫米。这种气候条件很适宜各种热带植物的生长。亚马孙流域是一座巨大的天然热带植物园。葱茏茂密的林海覆盖了整个亚马孙流域，以致它的一些支流至今还没有被发现。1976 年巴西空军用红外线从空中拍摄了亚马孙流域的照片，通过对照片的分析，竟意外地发现了一条长达 600 千米的河流，这条河流由于被郁闭的森林和浓重的雾霭所遮盖，一直未被人发现。有人估计，亚马孙河流域拥有 8 亿多立方米的木材储量，占世界木材总储量的五分之一。大部分树木属于热带常绿雨林，主要树木有高达 80 米的巴西果、蚂蚁群居的蚁巢木，具有很高经济价值的三叶胶、黄檀树、可可树和各种棕榈科树种等。亚马孙流域的树木种类繁多，而且盘根错节，互相杂生。树木和其他植物生长期连续无间，没有明显的落叶季节。人们在这里看到的永远是一片青葱，感觉不到季节的交替。在这个绿色的林海里，踩在你脚下的是卷柏、羊齿、附生凤梨等地面植被；与你身高不相上下的是草本植物、灌术和矮小的乔木；越过你头顶的是喜阴的棕

榈、可可树等乔木，它们的树身和枝桠间还附生着盛开鲜艳花朵的植物；再往上则是比较高大的乔木和各种喜阳的攀援附生植物。这还远不是树海的最高层。在万绿丛中，还有许多“巨人树”，它们一般都高达七八十米。

亚马孙地区动物种类也很丰富，主要有美洲豹、貘、犰狳、树豪猪等。这一地区森林茂密，加之河滩地带定期泛滥，这种特殊的地理环境就迫使这里的动物必须学会攀援树木或葛藤，而树枝和葛藤是经受不住过于笨重的动物的。因此，亚马孙地区的哺乳动物一般体形都较小，而且大多数是树栖的，如树獭、狷猴、猿猴、小食蚁兽、负鼠、蝙蝠等。大小河流纵横交错，为淡水鱼和各种水栖动物提供了一个自由的乐园。亚马孙主流和支流中的鱼种多达两千种。巨龟和龟蛋是当地居民的主要食品之一。两栖类动物中最著名的是树蛙和负子蟾。雌性负子蟾的背上有蜂窝状的小巢用来载负蟾卵，雌蟾产卵后，由雄蟾置于窝内进行孵化，出窝后即成幼蟾。这一地区现在已知的鸟类就有 1500 多种，其中很多是罕见珍禽。昆虫种类不计其数，光蚂蚁就有 5000 种。这里昆虫的特点是体形奇大，如黑蚁长达 4 厘米，还有一种长达二三十厘米的大蜘蛛，靠张网捕鸟为生。

至于亚马孙流域的地下宝藏，可说是一个巨大的未知数。就目前已初步探测的结果来看，这里蕴藏着丰富的铝土、锡、锰、铁、铀、银、铋、金、镍、铅、锌、石英、紫晶和石油。

印第安人是亚马孙地区最早的主人。1970 年，在这一地区南部边缘瓦苏索斯部族居住的地方，发现了十几个古印第安人居住过的洞穴，发掘出大批石器、陶器等古文物。经考古学家估计，生活在这些洞穴里的古印第安人的活动年代至少在 0.9～1.2 万年以前。目前在亚马孙地区居住着五六十万印第安人，他们分属 24 个部族，主要部族有马约鲁纳、雅马马迪、穆拉、蒙杜鲁库、马瑙和阿鲁亚夸人。这些部族操着 37 种语言和无数种方言，主要属于阿拉瓦克、加勒比、图皮—瓜拉尼和热斯四大语族。直到今天，相当一部分部族仍处于原始的刀耕火种阶段，被摒于社会生活之外，有“被遗忘的人”之称。

近几年来，为了保卫本国自然资源，发展民族经济，共同开发亚马孙地区，亚马孙流域各国政府和人民不断加强经济互助合作，向着地区经济一体化的道路前进。1978 年 7 月 3 日，亚马孙地区八国外长在巴西首都巴西利亚签署了《亚马孙合作条约》。根据这个条约，目前亚马孙各国正在共同努力合理开发亚马孙地区的自然资源。建立和完善该地区的水陆交通、空中运输和电讯联系，密切科技合作，保持生态平衡，改善卫生条件以及预防和消除病虫害。壮丽的亚马孙河，将给拉丁美洲人民带来美好的明天。

东坡原是西湖长

李国文

中国有多少个名叫西湖的湖，很难说得出准数。有人作过统计，大约有十七个之多，语焉不详，真假莫辨，也就不必细追究了。但有两个西湖，却是大名鼎鼎的。一个是杭州的西湖，一个是惠州的西湖。而且都是与宋代苏东坡这位大文学家的名字联系在一起的。不知是这两个西湖使苏轼传名万世呢，还是苏轼使这两个西湖更加风光了呢？真是难下判断。当然，还应包括颍州的西湖，那也是苏东坡曾经出仕过的州县。因此，古人诗云“东坡原是西湖长”，就是这个出典了。也许钟灵毓秀的湖光山色，给了诗人灵感，写出了名诗名句；也许由于脍炙人口的佳作，而使这一碧波万顷的绿水青山，与那些名不见经传的西湖区分开来，从而名闻遐迩。于是，这两个西湖便成为游人流连忘返的名胜去处。

这就是山水以文人名，文人以山水存的中国文化特色了。

谁来到这两个西湖，能不对这位中国文学史上的大家巨匠肃然起敬呢？在中国，稍识得几个字的人，无不知道“欲把西湖比西子，淡妆浓抹总相宜”和“日啖荔枝三百颗，不辞长作岭南人”的名句。

“淡妆浓抹”是写杭州西湖之美的再好不过的诗句，那时他任杭州太守之职，是他自己一再申请去的。他之所以选择离开都城，到外省做官，是厌倦了朝廷里那种倾轧险恶的政治环境的结果。而江浙一带，在北宋时期，是离战乱较远的富饶地区，他也早已属意风光秀丽、人文汇萃的杭州，希望在这里安顿下来。所以，在平静如愿的心态下来描绘西湖，自然是诗情从容自如的展露。而在惠州时所写出的“日啖荔枝”的抒怀之作，则是对他被流放到这道路不通，人迹罕至，闭塞偏僻，隔绝阻难的不毛之地，一种有感而发的愤慨。那时的惠州，可不像今天这样生气勃勃，被放逐到这里，绝对是很残忍的政治迫害。“长作岭南人”的自负，实际是对他的政敌针锋相对的抗争！

那天，当我们踏上惠州西湖的长长古堤，两岸莺飞草长，杂花生树，绿水凝碧，青山苍翠，已是夕阳西坠，渔舟唱晚，鹊噪归林，行客稀落时刻，于暮色中读苏诗里描写过的惠州西湖，也令人生发出思古的幽情。那波光粼粼的水，草木葱茏的山，绿柳夹道的堤，红墙绿瓦的屋，一想到九百年前，一位文学巨人，曾经在这触目所及的山山水水处逗留停步，徘徊转侧，吟哦唱和，观山望景。我们也不禁浮想联翩，心神贯通。于是，那并不太大的西湖，便多了一份沉甸甸的文化和历史的分量。虽然其山水的气势，景点的氛围，文化的积累，经营的精善方面，都要比杭州的西湖逊色得多，但这里更能见到的，是一个受到挫折的文人，那不屈不挠的精神，就更加难能可贵了。

流放，是一种政治上的徒刑和生活上的磨难，同时，也是对被流放者的一种意志上的摧残。在一部中国文学史上，从古至今，不知有多少作家诗人，尝受到这种痛苦的滋味。但也奇怪，愈是大师级的人物，愈不被压倒，愈不致湮没，相反，愈砥砺，愈光辉，愈锤炼，愈坚强，愈挫折，他的文章愈盖世，愈不朽。

这是那些追害他的小人们，所绝对想不到的。

当他在《十月二日初到惠州》诗里，就已经完全认同这块“仿佛曾游岂梦中，欣然鸡犬识新丰，吏民惊怪坐何事，父老相携迎此翁”的岭南之地，然后抒发情怀：“苏武岂知还漠北，管宁自欲老辽东，岭南万户皆春色，会有幽人客寓公。”其实，他还没有到达惠州，就听别人告

诉他这个他要落脚的地方，是“江云漠漠桂花湿，梅雨潇潇荔子然，闻道黄柑常抵鹊，不容朱桔更论钱”的好去处。

苏东坡从宋哲宗绍圣元年（1089 年）到这里来，居住了两年零八个月后，再一次被流放到海南岛上。在惠州西湖要比他在杭州西湖生活的日子，多了整整一个年头。因此，他对惠州的感情应该更投入一些，是毫无疑义的。他给友人的信中说：“某买得数亩地于白鹤峰上，已令斫木陶瓦，作屋三十许间，今冬成。去七十无几，矧未必能至耶?”诗中也写过长住的打算，“已买白鹤峰，规作终老计”，他是准备卜老斯乡的。他给黄庭坚的信中，也表示“惠州久已安之矣”，给司马光的信中更说到逆境中的快乐：“寓居去江数十步，风涛烟雨，晓夕百变，江南诸山在几席，此幸未始有也，虽有窘乏之忧，亦布褐黎藿而已。”

他热爱这方水土，而惠州乡老也敞开胸怀欢迎他的到来，一点也不因为他被朝廷放逐，而对他白眼相待，也许比风光更使得诗人动情的，是南国人奔放的热情。“父老喜云集，箪壶无空携，三日饮不散，杀尽西村鸡”。一个为人民歌与呼的文学家，在这场合里受到老百姓的欢迎，是一点也不奇怪的。甚至到了九百年后的今天，当我们拾级攀山而上。看到那座完整如初的六如亭时，不禁为惠州人对苏东坡的深情而感动了。

这位与苏东坡厮守一生的朝云，是随着他度过放逐岁月的最亲密的女子。她最懂得这位诗人了，还在都城的时候，苏轼下朝归来．扪腹问随从人等，我这肚里都装了什么？只有她的答复，最可东坡先生意。她说：“相公装的是一肚子不合时宜!”说明她对他的性度恢宏，正直不阿的品格，是深刻理解的。

但是，绍圣四年（1097 年）的四、五月间，开封城里的权贵发现苏轼在惠州不仅活得很充实，从未被压倒压垮，而且深受民众拥戴。尤其读到他写的诗：“花曾识面香仍好，鸟不知名声自呼，梦想平生消未尽，满林烟月到西湖。”诗前的序中说过了他对这两个西湖的眷恋之情：

"惠州近城数小山，类蜀道。春与进士许毅野步，会意处饮之且醉，作诗以记。适参寥专使欲归，使持此以示西湖之上诸友，庶使知余未尝一日忘湖山也。"官员们见他居然这样潇洒地徜徉于湖光山色之中，气得两眼发黑，一纸命令，将他流放到更远的海南岛。

但这一次更残酷的远谪天涯，朝云再也不能陪他一同去受苦了。上一年她已经因病辞世，并长眠于惠州西湖边的山麓上了。于是，一代文豪就这样只身匹马地踏上放逐之路，离开了惠州。但在湖畔山巅里的六如亭，那位永远凝视着远行人的一双温柔的眼睛，便给"罗浮山下四时春，芦桔杨梅次第新"的惠州，留下来至今还能感受到的温馨。

惠州，这个四时皆春的温暖城市，更多的机遇在这里展现出来。现在，谁还记得数百年前那些侮弄大师的无聊小丑呢？当我们踯躅在惠州市区里那碧水荡漾的西湖堤岸上，山林里，六如亭间，感受至深的一点，莫过于认识到：惟有真的文学，真的爱情，才有可能在历史上、心灵上，留存下难忘的踪迹。

也许，这样才能叫作真的不朽吧？

贝加尔湖啊，贝加尔湖……

［俄］瓦·拉斯普京

大祭司阿瓦库姆留下了一篇俄罗斯人对贝加尔湖的最早的赞誉。1662年夏，这位“狂人”大祭司从达斡尔流放地返回途中，他只得从东岸到西岸横渡这个海洋般的大湖，当时他对贝加尔有过这样的记述：

“……其周围，群山崔嵬，巉岩峭壁高耸入云——我跋涉迢迢万里，任何地方都不曾觅到这样的崚嶒山景。山上，石房、木屋、大门、立柱、石砌的围墙和庭院——无不都是上帝的赐予。山上边长有葱蒜——不仅茎头之大为罗曼诺夫品种所不及，且十分鲜美。满山，天赐的大麻芊芊莽莽，庭院内则芳草葱茏——鲜花开处，更是幽香袭人。海潮上空，百鸟云集，家鹅和天鹅神游在浩渺的湖面上，宛如皑皑白雪。湖里，鳇鱼、哲罗鱼、鲟鱼、凹目白鲑和鸦巴沙，种类之多，数不胜数。漫道这是淡水湖，却也生长有硕大的北欧环斑海豹和髭海豹：就是在我族居美国时，在大洋里也不曾见过偌大的海豹。湖中鱼群济济，鳇鱼和哲罗鱼最是肥美无比——甚至无法用平锅煎食，一煎即会化为鱼油。彼世的基督为人们创造了可供享用的一切，让人们在心满意足之下，衷心赞美上帝的恩赐。”

自古以来，无论土著人，无论是上世纪来到这贝加尔湖畔的俄罗斯人，无论只是到此一游的外国人，面对它那雄伟的、超乎自然的神秘和壮丽，无不躬身赞叹，称之曰“圣海”。“圣湖”，“圣水”。不管是蒙昧人，也不管当时已是相当开化的人，尽管在一些人心里首先触发起的是一种神秘感，而在另一些人心灵中激起的则是美感和科学的情感，但他们对贝加尔湖的膜拜赞叹却是同样的竭诚和感人。

随着时间的推移，人们对贝加尔湖进行测量和考察，近年来甚至还使用深水探测仪器对它进行测试。它具有了明确的体积概念，于是，人们便开始拿它进行比较：时而把它同里海相比，时而又把它同坦噶尼喀湖相比。人们计算出，它容纳着我们地球上淡水总量的五分之一；解释了它的成因，推测出，在任何地方都早已绝迹的许多种动物、鱼类和植物何以能在它这里繁衍生长，生存在数千里之外世界其他部分的各种生物又何以来到了它的水中。当然，并非所有这些解释，这些推测彼此都很一致，甚至很不一致。贝加尔湖岂有那么简单，可以轻易让它就此失去那神秘幽邃、莫测高深的特性？它知道自己应处的位置，知道自己的生命价值。

那么，到底怎么才可以比较它的美呢？又何与匹比呢？我们每个人都觉得自己的家乡亲切、可爱，连爱斯基摩人或阿留申人，大家知道，对他们来说，冻土带和冰雪荒漠就是自然界完美的富庶的乐土。我们从出生那天起就呼吸着故乡的空气，吮吸着故土的精华，沐浴在它的景色之中，它们陶冶着我们的性情，并在很大程度上融合成了我们生命的组成部分。

大自然作为世间完整的、惟一的造物主，毕竟也有它自己的宠儿：大自然在创造它耐特别倾心尽力，特别精益求精，从而赋予了它特别的权力。贝加尔湖，豪无疑问，正是这样的宠儿。人们称它为西伯利亚的明珠不是没有道理的。

我想起了我和一位到我家作客的同志同游贝加尔湖的事，我们沿大贝加尔湖湖岸上古老的环湖路，步行良久，走出很远很远，来到了湖南岸一个最幽美、最明亮的去处。时值 8 月，正是贝加尔湖地区的黄金季节。这时节，湖水变暖，山花烂漫，甚至连石头在阳光下闪闪烁烁也像

山花一般绚丽；这时节，太阳把萨彦岭重新落满白雪的远远的秃峰照得光彩夺目，放眼望去，仿佛比它的实际距离移近了数倍；这时节，贝加尔湖正储满了冰川的融水，像吃饱喝足的人通常那样，躺在那里，养精蓄锐，等候着秋季风暴的到来；这对节，鱼儿也常大大方方地麇集在岸边。伴着海鸥的啾啾鸣鸣在水中嬉戏；路旁，各种各样的浆果，俯拾皆是——一会儿是齐墩果，一会儿是穗醋栗，有红的，有黑的，一会儿是忍冬果……加之又碰上了罕见的好天气：晴天，无风，气候温暖，空气清新；贝加尔湖湖水清澈，风平浪静，老远就可看到礁石在水下闪闪发光，晶莹斑斓；路上，忽而从山坡上飘来一阵晒热的、因快成熟而略带苦味的草香。忽而又从湖丽上吹来一股凉爽沁人的水腥气息。

两个来小时过后，我的这位同志就已经被扑面而来令他目不暇接的景致折服了：狂花繁草，野趣满前，天造地设的一席夏日奢宴，他不仅前所未见，甚至连想都难以想像得出来。我再说一遍，当时正是百花盛开、草木争荣的鼎盛时节。还要请您在所描绘的这幅画面上再添上几条向贝加尔湖奔流而去的潺潺（我巴不得说：它是伴随着清脆、庄重的乐曲）山涧小溪，我们曾一次又一次地向这些小溪走下去，试试它的水温，看一看它们多么神秘、多么奋不顾身地像扑向母亲的怀抱般汇入共同的湖水中去，求得个永恒的安宁；请在这里再添上那些接连不断、整整齐齐的隧道，它们修筑得颇具匠心，一洞洞依山而就，浑然天成，其总长度竟与这段路程相差无几，每洞隧道上方的悬崖峭壁时而庄重险峻，时而突兀乖戾，就像刚刚结束一场游戏般一副无拘无束的神情。

我说，大学生时代，我初次来到贝加尔湖时，它那清澈见底的湖水曾使我上过当，我曾想从船上伸手去捞一块石头，后经测量，原来那里的水深竟达 4 米以上。我的这位同志听了不以为然。我感到有些不快，我说，在贝加尔湖水深 40 米也可一眼见到底——好像我是多说了一点儿。只是这时我才猜到他是怎么回事：我告诉他说，在贝加尔湖二三百米深处能从一枚两戈比硬币上念得出它的铸造年代，这下他才惊讶到了不可再惊讶的程度。原来，他脑子里都饱和了，常言道，懵了。

记得，那一天一只环斑海豹几乎使他没命了。这种海豹一般很少游近湖岸，可这一次，就像约定好的一样，它来到很近的水面上嬉戏，当我一发现指给我那位同志看时，他不由得失声狂叫起来，接着又突然打起呼哨，像唤小狗那样招呼海豹过来。这只海豹当然顿时潜入了水底，而我这位同志在对这只海豹和自己的举动的极度惊异之中又沉默了。

其实，我的这位同志，他所看到的充其量只是贝加尔湖的区区一角，而且那是在一个万物都感恩安宁和阳光的绝好的夏日。殊不知，恰恰就在这样风和日丽、空气宁静的日子里，贝加尔湖也可能突然间汹涌澎湃起来，仿佛，凭空一股无名的怒气在它深处膨胀起来。看到眼前的情景，你都不能相信自己的眼睛：风平浪静，湖水却隆隆作响——这是遥遥数千米之外的风暴区传来的信息。

他不曾看到过北贝加尔湖那全部严峻而粗犷、原始而古朴的美姿，置身于那样的美境，你甚至会失去时代感和人类活动的限度感——这里只有一种闪耀着光辉的永恒，惟有它在如此慷慨而又如此严峻地管辖着这古湖的圣洁之水。不过，近年来，人也在忙着弥补自己，缩短着他所习惯的生活方式和大自然的神威、永恒、宁静和美之间的距离。

他无从知道贝加尔湖冬天的景象，风把晶莹透明的冰面吹得干干净净，看上去显得那样薄，水在冰下，宛如从放大镜里看下去似的，微微颤动，你甚至会望而不敢投足。其实，你脚下的冰层可能有一米厚，兴许还不止；我的这位同志，他也不曾听到过贝加尔湖破冰时发出的那种轰鸣和爆裂声。春季临近之际，积冰开始活动，冰面上迸开一道道很宽的、深不可测的裂缝，无论你步行或是乘船，都无法逾越，随后它又重新冻合在一起，裂缝处蔚蓝色的巨大冰块叠积成一排排蔚为壮观的冰峰。

他也不曾涉足过那神奇的童话世界：忽而一条白帆满张的小船朝你迎面疾驶而来；忽面一座美丽的中世纪城堡高悬空中，它像是在寻找最

好的降落地点，在平稳地向下徐徐降落，忽而一群天鹅排成又宽又长的队形，傲然地高高昂着头游来，眼看就要撞到你身上……这便是贝加尔湖的海市蜃楼，许多美丽动听的神话和迷信传说，都产生于此地司空见惯的寻常景观里。

即使我们这些家住贝加尔湖滨的人，也不敢夸口说十分了解它，原因就在于对它的了解和理解是无止境的——惟其如此，它才是贝加尔湖。它经常是仪态万千，而且从不重复，它在色彩、色调、气候、运动和精神上都在瞬息万变。啊，贝加尔湖精神！

贝加尔湖，它未尝不可凭其惟此为大的磅礴气势和宏伟的规模令人折服——它这里一切都是宏大的，一切都是辽阔的，一切都是自由自在、神秘莫测的——然而它不，相反，它是升华人的灵魂。置身贝加尔湖上。你会体验到一种鲜见的昂扬、高尚的情怀，就好像看到了永恒的完美，于是你便受到了这些不可思议的玄妙概念的触动。你突然感到这种强大存在的亲切气息，你心中也注入了一份万物皆有的神秘魔力。由于你站在湖岸上，呼吸着湖上的空气，饮用着湖里的水，你仿佛感到已经与众不同，有了某些特别的气质。在任何别的地方，你都不会有与大自然如此充分、如此神会地互相融合互相渗透的感觉：这里的空气将使你陶醉，你将游历我们做梦都不曾想到过的自然保护区。

贝加尔湖。它足以能净化我们的灵魂，激励我们的精神，鼓舞我们的意志！……而这是只能凭内心去感受，而无法估量，也无法标志的，但对我们来说，只要它存在着也就够了。

有一次，列夫·托尔斯泰散步回来，曾记述道：

“置身于这令人神往的大自然之中，人心中难道还能留得住敌对感情、复仇心理或嗜杀同类的欲望吗？人心中的一切恶念似乎就该在与作为美与善的直接表现形式的大自然接触时消失。”

我们这种古老的、自古以来就与我们的居住的土地及其奉献的不相适应，是我们由来已久的不幸。

从前某个时候，贝加尔湖滨的埃文基人，他们要砍一棵小白桦树时还忏悔好久，祈求小白桦树宽恕，砍它是出于无奈。现在我们可不是这样了。到底是否正因为如此我们才需要而且有可能制止住那只冷漠无情的手呢，这只手已经不像二三百年以前那样只是加害于一颗小白桦树，而是加害贝加尔湖的整个自然环境；到底是否正因为如此我们才应该对包括贝加尔湖在内的大自然恩赐给我们的一切。而向包括贝加尔湖在内的大自然加倍地偿还呢?!

（程　文　译）

大峡谷的奇迹

钱歌川

1982 年与 1983 年之交，我去美国西岸游览。最大的目标，就是亚利桑那州的大峡谷。那是世界上别无一处可以比拟的大自然的奇迹。岩层的多样，颜色的多变，造型的多态，天工的多巧，使人看了，目瞪口呆，惊心动魄，真是奇观胜景，壮丽无比。

那儿不是用眼睛观看就满足了的，看后必然还要附诸想像，发出一连串的疑问。大峡谷到底有多大，它是怎样形成的，它有多少年岁了，它暴露出地壳这么多的层次，对我们居住的地球的历史，到底有何记载？

这些问题都是可以找出答案来的。沿着流过大峡谷的科罗拉多河加以测量，大峡谷长达 450 千米，平均宽 14.5 千米，从上到下深达 1.6 千米。北缘（每年 5 月中到 10 月中开放）海拔 2500 米，南缘（终年开放）海拔 2135 米，谷底海拔 760 米。

地球上的气候，分为七个地带，而在大峡谷地区，一日之中气候不齐，既有沙漠的热带气候，也有北极的寒带气候。大峡谷地带看去像不毛之地，其实其中有 75 种哺乳动物，250 种鸟类，25 种爬虫类，5 种两栖类。在春夏时南北两缘和峡谷斜坡上，长满了各种花草，仙人掌的花特别红艳，还有一种龙舌兰属的植物，名叫世纪花，直干孤高，四围有枝平出，枝上无叶，惟有一丛花朵，略似木棉，但非鲜红。

我们地球的产生，约在40亿年前，而这大峡谷的形成，还是最近600万年的事。在地球的历史上，山川变化，不止是沧海桑田而已，可以把一整片大陆，用海洋隔开，分成两个大洲。说不定我们现在游览的这个大峡谷，再过600万年，又会从地球上消失呢。每100万年，整个的大洲，就像海洋中的船只一样在移动，时分时合。也可看到海中涌出陆地，陆上耸出高山。火山可以喷出熔岩，泥沙可以变成磐石。沉积物变成为岩层，深深积压在地壳下面，由于高热和压力，使之变态，成为新型的岩石，我们在大峡谷的墙壁上，就可发现许多这样的记录。

科罗拉多河日夜不停地运山入海，凿石攻坚，已经把这大峡谷，凿成现在这样的深，而且还要继续再凿下去，凿到海平面时才会停止。它的作用就像一架巨大无比的输送机，从老远的洛矶山上，把那风化的岩石，运到加利福，已亚海湾，倒进海里去。它上游的流域每隔1000年就要下降15厘米。雨水的冲洗，化学的作用，树根的生长，动物的挖洞，洪水的灌注，河水的支流，以及地心的引力，都在不断地把大峡谷拓宽，使河水中充满岩屑，如果人们不建水坝加以拦阻的话，这河就会每天把一百万吨的泥沙碎石，冲过峡谷中的任何障碍，一直带着奔流下海。自从1963年格伦峡谷水坝建成后，河流的水受到控制，水中带来的泥沙岩屑，大部分都截留在鲍威尔人工湖中了。

科罗拉多河从3050米的高山，倾泻下来，把峡谷凿得愈来愈深，暴露出的地层也愈来愈多。河岸两侧峻峭深黑的内峡斜坡，升到360米高。在20亿年以前，这些岩壁原来都是沙岩、熔岩、石灰石，及其他岩石构成的地层。先被挤压得深入地下，后又被抬举得变成高山。这种造山运动，受到高热和高压的影响，使沉积物变成岩石——片麻岩和片岩——再由熔化的岩石侵入其中，冷却后变成粉红花岗石的长条。多年的腐蚀把这些高山消耗殆尽，地面几成平原，只剩少数矮丘，点缀其间。

大峡谷水平线的地层，慢慢开始形成了，几乎整个平原，都被海水

所淹没，只剩下两座山脉的残迹而已。起初，潮流把附近陆地上的沙带来了，等到海水泛滥到大陆时，海的涯际便从大峡谷一带，移向更远的地区。水底的沙上盖满了泥，等到澄清时，水底的泥土，又布满一层海生动物的石灰质的尸体了。这三个层次的记录我们今日都可以在大峡谷的断崖上或斜坡上看得出来，真可称是一座地质历史博物馆。

红色的斜坡和断崖，留下了海陆冲突的记录，当时有一洪水泛滥的平原，在两个陆地之间前后移动。由方解石凝结在一起的化石沙丘所构成的断崖，也显示出2亿年以前地壳变化的痕迹。有的石灰石的上面两层，保存着大峡谷地区还浸在海下的两个时期的记录。构成现在大峡谷边缘的这些岩石，虽则已有2亿年了，但并没有终止它们的转变，须知在今日边缘的这些岩石的上端，原先还有1200～2400米高的岩层耸立着，但在科罗拉多河开始突破大峡谷，奔流入海之前，就被腐蚀掉了。今日的大峡谷，显然也是由腐蚀而构成的。

地质学家把地球的历史，分为四个时期，每个时期都跨越几亿年。第一个时期是蒙昧初开的时候，比后来的三个时期，都更长久，所以再把它分成两个部分。在这本地质纪年的书上，把整部历史分成五章，而这五章的遗迹，在大峡谷地区都好好地保存下来了。岩石上的记录是明白可读的，如果你认识它的文字的话，这就是一部地球形成史。

第一章记载的是先期前寒武纪的历史，第二章是后期前寒武纪的历史。第三章讲到的是古生代；第四章是中生代；第五章是新生代；第五章的历史，现今还在继续着，但已经过6500万年了。我们现在看到的大峡谷，就是在这个时期中产生出来的。虽说峡谷的年龄不过600万年，但它的岩壁却古老多了。

在地质纪年一书中，第一章所说的岩石，我们很容易在大峡谷的边缘上指认出来。还有峡谷中的峡谷，我们称为内峡谷的，其岩壁也是属于前寒武纪的。这些岩壁升起在河流水平之上，高达450米。岩石呈深黑色，看去险恶可怕，好像不是平铺而是直立的。在内峡中，到处都有一些浅色物质的接缝。

第一章中的高山正在造成的时候，大自然中也在进行某种工作。它用腐蚀风化的方法，一点一点地把这些高山化为乌有，再用海水盖上。当陆地慢慢沉入海水下去时，在大峡谷地质纪年书中的第一章便告结束。

在第一章的时期也许已经有生命存在了，不过在这些岩石中还没有发现那种化石，可能随着造山运动而来的高热和高压，把所有生命的痕迹都摧毁了。

第一章说的腐蚀去了的山脉，剩下的根基上淹没在浅水中，开始有沉积物堆积起来，一寸一寸，一层一层，最后使形成了第二章中要说的岩石。

原始的植物对这种石灰石的造成，也有助力。许多石灰石的暗礁，就是经由海藻的力量而成就的。特别是岩石中的波纹形的构造，如大峡谷中所记录的，便是最古老的生物形态。

约在6亿年以前，接近前寒武纪的末期，第二章中说的3600米厚的岩石，在许多地方已完全消失，暴露出第一章中说的一些古老的片岩。有几处还留下后期前寒武纪时的倾斜和裂开的石块。在大峡谷地质纪年的书中，前后两期前寒武纪的篇章，到此完全结束了。我们今日在凯巴布小径上，以及光明天使小径上，甚至大峡谷的东端宽阔的地面上，都可以看到后期前寒武纪的岩石。

第三章中说的是古生代。现今大峡谷的岩壁上端，三分之二都是第三章古生代的沉积物所构成的。古生代时期因腐蚀造成的不整合的地形，或是一些裂口，都在现今大峡谷的岩壁上显露出来。这种岩石中的化石显示，海中生物是极为丰富的。最有代表性的，是原始的水生贝壳类动物，尤其是像螃蟹一样的生物，千万年间海洋中都是它们的天下。在这种岩层中发现了有脊椎骨的动物化石。在发现珊瑚和原始贝壳类化石的同时，也发现了甲胄鱼类的骨片或鳞甲。我们在南凯巴布小径一

带，便可看到这种庙冈石灰石。腐蚀过后又有另一次岩石的形成，于是出现了红墙石灰石。其中包括许多的海产动物。如珊瑚、原始贝壳类动物，和海百合等的化石，证明这种石灰石也是形成于海洋中的。

四足动物大概是生活在水中和陆上的两栖类。在溪流的两岸，留下了它们的足迹。从这些足迹我们可以猜测出很多的实况。因为连串的足迹靠得很近，断定它们是短脚的。因为迹印很深，表示它们身躯很重。左右两排足迹的中间，有一种拖走的迹印，想来这些动物大概是有尾巴的。综合这些特点，断定这类古生物，颇为类似今日的鳄鱼。

淡水溪流的泥土沉积起来的赫米特页岩，因含有铁质的成分变成深红色，和苏派岩层一样。这种岩石中的化石，包含羊齿类、结球果的植物，和昆虫的翅膀等精细的痕迹。蝾螈一类的小动物，也有足迹留下来。在大峡谷的东端，约有 90 米厚的这种岩层。

盖在赫米特页岩的上层，是可可尼诺沙岩。由风的移动而造成的沙的交错层面，可以在这沙岩上看得出来。可可尼诺沙岩，造成白的或浅黄色的峭壁，大峡谷边缘下，可高达 180 米。其中可以见到原始爬虫类、昆虫、蝎子等的踪迹。

有个时期海水淹没了大峡谷地区，凯巴布海经过这地区再向前进。峡壁 90 米高的最上端的岩石，名叫凯巴布岩层，是大块乳白色石灰石岩，岩中有许多海洋生物的化石，如贝壳类、珊瑚、海百合、海绵，还发现有鲨鱼的牙齿。今日大峡谷边缘的岩石，凯巴布石灰石，便是第三章古生代时期，在这地区沉积出来的最后的岩层。约在 2.3 亿年以前，第三章便告结束。在那时期新沉积的凯巴布岩层，还在海平面上，或甚至低于海平面，而现在却高出海平面达 2700 米了。

第四章说的是中生代。前面已经说过，现今大峡谷中的岩石，有 20 亿年的历史，由此可以看到地球发展的情况。在中生代第四章中所说的岩石，一层又一层地，一度把这个地区完全覆盖，厚达 1200～2400 米，但经风化腐蚀，现在早已不存在了。

大峡谷之东的彩色沙漠，是由中生代的岩石所构成的，东北的回声崖和朱红崖，也都是。中生代是爬虫的时代。当时恐龙横行大地。现今我们可以在博物馆中，看到它们的骸骨，大得惊人。它们在大峡谷的岩石中，也留下了不少的足迹。第四章的历史，在6500万年前结束。

第五章说的是新生代。大峡谷地区在整个新生代时期都是在海平面上的。这个时期中在大峡谷最大的表现，就是广泛的腐蚀。近千米的中生代的岩层，都从地面上消失，到最近几百万年中，峡谷被凿，地壳被雕，而造成我们现在所看到的这个样子。

当然，在新生代时期中，也确实发生过一连串的剧烈变化，例如约在100万年以前，河流凿开峡谷才15米深的光景，火山熔岩从地球深处喷出，倾泻到峡谷壁上，把河流阻塞，造成湖泊。这种熔岩水闸，超出现在河流平面，最高的可达690米。这地区经过多次的火山爆发，山川形势，为之改观。大峡谷之南的旧金山高峰，便是火山活动所造成的。

第五章被称为哺乳动物的时代，我们确知骆驼、巨象、树獭、马等，都曾在这地区居住过，以后才绝种的。今日还有不少的动物生活在此，但万物之灵的人类，来得最迟，他的智慧超过过去现在任何生物，成为这个世界的主人。

试把这大峡谷20亿年的奇迹，比作24小时的一天来看，从午夜开始，第一章中的岩石正在形成，人类没有赶得及来吃早饭。到中午时分，第二章中的原始水中植物的海藻产生了，但仍然不见人影。到第三章吃晚饭时，海中已充满了各种海洋生物，但没有陆上植物，也没有动物出现。到夜晚又有了两栖类及爬虫类的动物，和松树、羊齿的植物，最后恐龙消失，鸟类和哺乳动物出现。在午夜前两分半钟到四分钟的时候，开始了大峡谷的雕凿工作。在这天的最后一分钟，午夜前四十三秒，才有人类登场，这也就是100万年以前的事，99.5万年过去了，最近5000年才留下了人类活动的记录。不过在地球历史的一天中，最

后十几秒钟的成就可真不小，因为它产生了人类。

大峡谷可说是属于美洲土著印第安人的，他们在 4000 年前已经聚居在此，以狩猎为生。白人最早来的是西班牙人罗拍子，他在 1540 年 9 月到达大峡谷南缘。1848 年美国战胜墨西哥，获得了西岸这一大片土地。约 10 年后军部才派人去科罗拉多河一带探测。1869 年内战时的荣誉老兵、地质学者鲍威尔，组织了一个科学探测队进行探险，航程 1600 多千米，舟行将近百日，突破许多险滩幽峡，而总其成命名为大峡谷。后来又有人来发展观光事业。老罗斯福总统在 1903 年来此游览，认为是“每个美国人都应该来看的一大胜景”。现在每年有游客好几百万人，有的在羊肠小道上徐行细看，有的驾车环游，有的看峡，有的游河，从峡缘到谷底，处处引人入胜，正是许多小峡谷合为一个大峡谷，世界奇理中的最大奇观。

维多利亚观瀑记

张宗生

如果说位于加拿大和美国之间的尼亚加拉瀑布以其险峻峭拔、气势雄浑而蜚声世界；那么位于津巴布韦和赞比亚交界处的维多利亚大瀑布则以其雄伟博大、气势磅礴而闻名遐迩。

雨后初晴的早晨，当金灿灿的阳光铺满原始丛林时，我们乘坐的班机已临近维多利亚瀑布上空。宽阔的赞比西河从赞比亚西南部卡拉哈里高原峡谷中喷泻而出，浩浩荡荡地向津巴布韦西北边界涌来。飞行在6000米的高空，透过舷窗俯瞰大瀑布的壮观，那冲天而起的水雾，似烟如云，翻腾滚动，把维多利亚大峡谷遮蔽得迷迷蒙蒙；赞比西河那银链般的水流，顷刻间跃入深不可测的峡谷，在阳光的辉映下散射出道道斑斓的彩虹，朦朦胧胧，把整个大瀑布严严实实地罩上了一层神秘的面纱，因此人们美称为“新娘面纱”。

飞机降落后，津巴布韦旅游公司早已做好了接待准备。简短办完手续后，我们即驱车赶往大瀑布参观。从机场到瀑布虽有10多千米的路程，但那瀑布隆隆的轰响，已使我们心动神摇了。10多分钟后，汽车到达维多利亚镇中心，这里实际是一处专供旅游者休闲参观的度假村，我们来不及流连观赏，在导游的呼唤下来到一家露天小店，这里是专供参观者租用雨伞的地方。我们如数交付了租金后，便每人手持一把黑雨伞，在导游的带领下，沿着蜿蜒泥泞的林间小路向大瀑布走去。此时，

隆隆的瀑布声愈来愈大，朗朗的天空已开始飘起丝丝水花。

我们参观的第一个景点是瀑布的最西端。在偌大的岩石上，由人工修筑成一块坚硬的平台，平台有排球场那么大，可供百来人参观。岩石的边缘用粗树干紧紧围固。参观者凭栏向东极目远眺，赞比西河飞泻的雄姿和大峡谷的幽深险峻一览无余。此时，正值南部非洲的雨季，河水暴涨，大瀑布以其雄劲勃发的气势无遮无掩地展现在我们面前。那1800 米宽的水流，以不可遏制的汹涌之势陡然跃入 122 米深的峡谷，重重地打在谷底的礁石上，刹时冲起 20 多米高的瀑柱，急起急落，形成汹涌澎湃的浪涛，发出震耳欲聋的巨响；那破碎的水花，激跃地旋卷着，形成团团浓雾，相互拥挤着，从两壁陡峭的夹缝中涌起，飘飘忽忽，沸沸扬扬，飞向苍茫无际的天空……大自然的神工鬼斧造就的奇观异景，令我们惊叹不已。那些满头银发的老人，或许多少惧怕这动人心魄的场面和隆隆巨响的震慑，神色凝固，蜷缩着身子，不时向后面退去。

我们绕过一片低矮的灌木林，来到瀑布的正南方。导游一再告诫，老人和儿童止步，年轻和手脚灵便且胆大者可下崖参观。这是一条在陡峭的崖壁上开凿出来的石级小路，深有 30 多米，坡度 70 度，从此下崖，可正面直视大瀑布的壮观。在这里，瀑布溅起的水花已幻化为霏霏细雨，窄窄的石阶，被水流常年冲刷，变得异常光滑，走在上面，步履维艰且十分危险。我们侧着身子，伸展着左右平衡的手臂，一步一蹲地向下走去，紧张的神经极力控制着双腿的抖动，最后总算到达了那令人望而生畏的小小平台。大家相互挤靠着，顾不上男女之别，彼此鼓舞壮胆。稍作镇静后，举目望去，那似乎伸手可触的滔滔水流，以每秒 10多万立方米的流量飞流而下，像缕缕白丝，编织出宽大无比的瀑帘，似纱似绢，闪烁着粼粼光泽，耀人眼目。那狰狞嶙峋的怪石、翻腾跳跃的浪花、缭绕弥漫的水雾、石破惊天的轰响，交相呼应，浑然一体，令人叹为观止……雾雨像汩汩小溪，从头顶流到脚底，衣服早已湿透，浑身

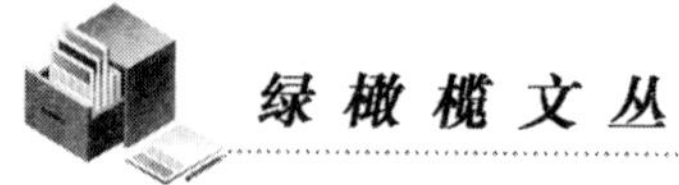

打着寒颤，虽然大家都有些心悸，但在归途中仍不时扭头回望，还舍不得离开这雄伟壮丽的美景。

稍事休息后，导游带领我们来到瀑布的东端。这里是两个峡谷的夹角地带，地势险要，岩石峭立。我们伫立在一块突兀的黑岩上，放眼北望滚滚而来的赞比西河，方知河水在上游是被三组相距不等的石岛分隔成四股水流。每当旱季，水流低缓，河岸披露，四股水流沿着各自的航道分别注入峡谷，从东到西，形成了东瀑布、彩虹瀑布、主瀑布、魔鬼瀑布，组成维多利亚瀑布群。此时正是汛期，河水穿过石岛，漫过堤岸，涌汇一起，形成了天水一色的荡荡水流，其壮阔的场面，整整比尼亚加拉瀑布宽出 500 米，成为世界上最宽的瀑布流。在我们右前方，大断崖形成南北走向的第二道峡谷，状似壶嘴，成为短窄的出水口，瀑布最大的水流从此夺隘而出，水流湍急，奔腾咆哮，犹如沸腾的开水，当地人为它起了一个美妙的名字，叫“沸腾涡”。在“沸腾涡”的两岸，凌空架起一座钢桥，像一条腾飞的巨龙横卧其间，天堑变通途，为大瀑布又增添了一处胜景。这里是通往赞比亚的惟一通道，也是来自赞比亚的旅游者必经之路。站在铁桥上，俯首下望 105 米深的“沸腾涡”，那翻滚咆啸的万朵水花，令人头晕目眩，着实让我们出了一身冷汗。

1805 年，英国探险家利文斯通只身一人沿赞比西河徒步南下，在艰辛的跋涉中，偶然发现了这里的奇特地貌。经勘察，此地原属东非裂谷带的一部分，由于火山喷发，熔岩四溢，阻塞河道，赞比西河从熔岩形成的坎坎上倾泻而下，形成了这庞大的瀑布。面对这一奇观，利文斯通惊讶不已，用当时英国女王的名字来为瀑布命名，从此维多利亚瀑布声名鹊起，远扬天下，同时也为非洲的这块宝地深深打上了殖民主义的印记。而当地非洲人一直为拥有这一天然的人间奇景而感到无比的骄傲和自豪，他们为瀑布起了个富有诗情画意的名字，叫“莫西奥图尼亚”，赞比亚罗滋语的意思是“声若雷鸣的雨雾”。

大堡礁畅游

冯家明

澳大利亚东北海岸，北起巴布亚湾，南至南回归线，坐落着世界奇迹之一的大堡礁。它是进入澳洲大陆的大门，由无数珊瑚虫在长达3000万年的历史时期内逐渐形成。如今，它那五彩缤纷的珊瑚与千姿百态的海中生物，每年吸引着好几百万国内外游客。

当詹姆士·库克于1770年首次发现大堡礁时，这位到澳大利亚北部探险的老练航行家也搁浅了。原来，在这跨度为2012千米的世界第一大珊瑚礁间，只有10个口子适宜于海运——真是又美丽又惊险啊！

大堡礁，绵延2000多千米，是一条天然的防波堤，像堡垒般卫护着陆地，构成太平洋中珊瑚海的西缘，成为世界上最壮观的大堡礁。澳大利亚联邦政府与昆士兰州政府在这里共同建立了海洋公园，以保护这里的1000多种鱼、400多种珊瑚、4000多种软体动物。

营造这总面积达20多万平方千米、厚度达200米的大堡礁的建筑师，却是一种微小的腔肠动物珊瑚虫。珊瑚虫体态玲珑，色泽艳丽，但却十分娇弱。说它们娇，是因为它们的生活条件很苛刻：海水的温度不能低于18℃，年水温差不能超过17℃，海水深度不能超过80米，海水含盐度最好在35‰左右，并且必须水质清洁，不混浊和没有污染。珊瑚海正好具有这些珊瑚虫繁衍的优良条件。珊瑚礁是由珊瑚虫遗体一代接一代，经过二三千万年堆积起来的。低潮时人们可以在礁石上行走；

涨潮时，礁石被海水淹没，不见踪影。这时，从空中俯瞰，会见到海中有一圈白色的浪带，那是浪涛打在浅滩上形成的白色泡沫，那就是大堡礁的所在。大堡礁共有大小岛屿 600 多个，较大的有 12 个。

凯恩斯是离大堡礁距离较近的一个滨海城市，可以从这里出发去游览观光这大自然的杰作。游艇向海湾外缓缓驶去，透过专为欣赏水下公园设计的玻璃船底，一幅分明是“海底龙宫”的胜景呈现在眼前：各种颜色的珊瑚丛，红的，粉的，黄的，绿的，紫的，色彩缤纷，千姿百态。有的形如雪中红梅，有的状似孔雀开屏，有的像一群鹿角，有的似一窝蜂巢。五颜六色的鱼虾和贝类，遨游其中。它们中有称霸海洋的鲨鱼，似长蛇扭曲的海鳗，如彩蝶纷飞的赤魟，以及色泽斑斓的各种贝类。

最好的大堡礁之旅当然是直接潜入水中。如今，大堡礁沿岸小镇、各岛屿别墅上，几乎都开设了“潜水”项目，或“用通气管或水下呼吸器潜航”的短期训练班。学成之后，游客们便可凭借导游所提供的面具、水下呼吸器等设备，体会在海下与鱼蟹共舞的滋味。

还有一项特色活动，是在大堡礁最北的绿岛上，那儿有一座长桥，桥顶有一似灯塔的建筑沉入大海，它实际相当于一座水下观察所。人们可以由螺旋形的梯子盘旋而下，在水下约 9 米处，透过观望孔观察珊瑚以及各种鱼类的活动，各种水中生物的姿态，别有一番滋味。大堡礁的热带鱼类——珊瑚礁鱼，又称蝴蝶鱼。当看到五光十色，千奇百怪的隆头鱼、鹦鹉嘴鱼穿游在美丽的海葵之间，真有如欣赏彩蝶在海中花园翩翩起舞。

大堡礁南部的怀特森迪岛是数百岛中最美丽的一个，游客可以从澳大利亚东北昆士兰州乘短程飞机去；也可乘气垫船去。一般说来，几分钟就可到达了。游客们即可从空中或水上观赏美妙的海洋世界，当小飞机在某一珊瑚礁上降落时，人们便可下机徐徐步行，就像在“珊瑚公园”里散步一样，尽情欣赏那童话般的胜景。

当清风徐徐，夜色朦胧之时，倘若驾着一叶扁舟荡游海湾，还会发现一片片奇妙的“火海”。就是手中船桨的每一次划动，也会在水面上引起闪闪发光的水波。从桨上落下的水滴，也似水银般地发出粼粼碧火。原来，这种神奇的海洋表层发光现象，是由海水中会发光的浮游生物引起的。

大堡礁公园的动人之处，不只限于海底。在漫长的海岸沿线遍布着形态各异的珊瑚礁群，在那里栖息着大约300万只海鸟。其中包括海鸥、海燕、海鹅等。每当海鸟交配产卵时节，珊瑚礁上的绿林中热闹非凡，成群结队的伴侣们追逐游戏，互诉衷情。这里又是太平洋地区享有盛名的青龟和红龟的故乡。每只成年海龟重达160千克左右。夏季夜晚，数以百计的雌龟纷纷爬上珊瑚礁费劲地扒开海沙，流着泪水生下60～200个蛋，然后潜回水里，寻找那正在急切等待它的雄龟。在海沙温暖的怀抱中，海龟蛋孵化近两个月。小海龟破壳而出的日子，珊瑚礁上仿佛像是盛大的节日，那些刚出世的小生命匆匆忙忙地钻出沙坑，头也不回地离开自己的诞生地，爬向召唤它们的大海。每当热恋时期，经常可以见到大雌龟驮着160千克重的雄龟在四处遨游。

美国航海家詹姆斯·米切纳在《回到天堂》一书中曾这样描写这里的景色：“稠密的棕榈树，高耸的树冠随风摇摆，让人耀眼的沙土，银光粼粼，珊瑚礁外侧巨大的浪花喷射到30多米的高空，这是世界上绝无仅有的奇景啊!”

可是随着海上石油的钻探开采和吞食珊瑚的海星大量繁殖，礁岛遭受到了严重的破坏。澳大利亚政府和人民正在采取各种措施，保护这片海洋天堂。

南沙垂钓

叶 楠

热带风暴一路拥抱着我们，死死纠缠着我们，给予我们无法摆脱的过分粗暴的温存。以致让我们在飓风、豪雨、浓重的乌云和滚动的浪的群山中，艰难地穿过通往南沙海域的航程。我们既看到了大洋的狞厉，也看到大洋的无与伦比的雄伟。它激起人不息的拼搏和超越的意识要远比给予人的恐惧多得多。当风暴舍我们而去的时候，眼前展现出惊人的热带海洋所特有的绚丽。光线的明亮，色彩的浓烈，是任何地域所没有的，这里是光和色彩的世界。鲣鸟、海燕、燕鸥，张开狭长的翅膀，紧贴着蓝缎子般的海面优雅地滑翔，海豚、飞鱼恣肆地忘情地弹跳，彩色云朵在海空悠然结队巡航，这里也是欢腾的世界。

夜幕沉落的时候，海鸟们丢下我们飞回到它们的栖息地去了。我们的航船孤零零在一座礁盘附近投下了沉重的铁锚。

一个舵手邀我到船尾锚灯下钓鱼，我欣然同意了。我也想领略在大洋特别是在热带海洋垂钓的意趣。钓海水鱼和钓淡水鱼是不同的，海上钓鱼的渔具是极为简陋的，只要有鱼钩、钓丝和铅坠儿，就足够了。海水鱼似乎对吃食并不讲究，肉类，包括它们同类的肉，都是极佳的鱼饵，都是它们的珍肴。南沙的鱼几乎没有一条不是贪婪的，见到鱼饵，从不产生疑虑而预先进行试探，或者温文尔雅，扭扭捏捏，讲究进餐礼仪而谦让，全是迅猛扑来，你争我夺，凶狠吞食，不少鱼，是连钩带饵

一下子深深吞咽到腹腔中去的，以致增加了我们不少摘钩的困难。海里的鱼像是结队争先恐后来让人们把它们钓到水面上来，哪怕是脱水而死亡。不一会儿，甲板上铺满了不停蹦跳的鱼。由于礁盘附近水浅，钓上来的鱼，虽然没有超过5千克以上的大鱼，然而，却大多是在东南亚视为海鲜上品的石斑鱼。再就是各类小鲨鱼和五光十色形体怪异不知名的热带鱼了。丰硕的收获，并没给我带来垂钓的乐趣，反而使我感到虚无，也感到羞惭。这种垂钓，太轻易了，太残酷了。我们是在对蜂拥而来的不是攻击而是扑向枪口赴死的对手作战，我们在作不瞄准的射击。这是对自愿引颈就死的对手的杀戮。现在我才明白，真正的猎手，为什么不射猎没有自卫和奔逃能力的野兽……

我的钓鱼伙伴似乎感到了我在想什么。

“在南沙深海捕鱼的渔夫们，他们只把钓上来的大鲨鱼的鳍（鱼翅）留下，鱼肉，甚至鱼肝都丢弃到海里。他们钓到的大鲨鱼太多了，船装不下，只好这样。这实在是暴殄天物！”他说。

这个时候，我想起海明威，想起他的名著《老人与海》的主人公——几十天没有捕到鱼的渔夫桑提亚哥老头儿。似乎他的运气远没有我们好……

我也想起我在童年时期的垂钓。那完全不是这个样子。那时候，垂钓几乎是我惟一的爱好。我常常在幽静的河边．特别是湖泊边，独自一人顶个破草帽，坐在水边，盯着传递水底信息的鱼漂儿——秫秸挺儿，度过一整天的时光，和那些狡黠的、顽皮的、懒慵的、呆头呆脑的或是矜持的鱼儿耍心眼儿、比耐力。与其说是在和鱼儿较量，不如说是在和大自然安详地相处，作默默无言的心息交流。我想，会有很多人和我有相同的感受。你的钓竿周围，就是一个神秘的宇宙。在你毫不察觉中，可能会有一只翠鸟悄然飞到你身边，默默地蹲在一块石头上梳理美丽的羽毛，它是来和你作伴儿的。也许一只青蛙从岸上“扑通”跳到水中，让你吃一惊，它打破了水面的平静，也打破了空间的宁静。常常会有一只蜻蜓小心翼翼地落在钓竿的尖梢，和你一起盯着水面，它那透明的翼和你的心一起，由于感知水下的鱼儿的动静而一起颤动，一旦有鱼儿游来，哪怕鱼儿只是用尾巴轻轻试探性拨动一下鱼饵，牵动了钓丝，蜻蜓会和你的心一起飞腾起来……你会感觉到具有灵性的大自然，是和你融为一体的。在你的记忆里，也许很多童年时期的经历都褪色了或完全消逝了去，但你却不会忘记，垂钓中，阳光投向水中的闪烁变幻的光斑和色彩，这定是你一生中，见到的最丰富最鲜明的色和光；微雨时节，那霏霏细雨敲击荷、菱、浮萍的叶面的情景，即便你到了迟暮之年，想到那可以直接注入心头的细雨的音响，还有那闪光的雨丝和氤氲的雾气编织的迷蒙氛围，也还会令你心灵颤栗，在空中和水底同时飘过的浮云，掠过的飞鸟，溅落在水面的花朵，突然露出水面又转瞬即逝的吮啄花瓣的鱼喙，水下悠然回旋的鱼的青色脊背，还有那由微风掀起的涟漪，在水面跳跃的小蜉蝣的纤爪拨开的水纹……都会永生印刻在你的心底。即便你的童年是凄惨的，童年的心底也是纯净的，心底的映象，也就总是美好的纯真的。你记忆中留下的这一切，会常常在遥远的时光那一端，向你招手，抚慰你由于世俗烦扰带来的郁闷和忧伤，给予你以永恒的温馨……

成年以后，我常常想能再像童年那时一样，找一个幽静的所在垂钓，也许还能召回那时的心境，寻回童年的梦境。我问过我自己，我能够吗，假若有这个可能？

尼罗河的命运

林清玄

我不愿相信在开罗所见的是真正的尼罗河。

幸好，我们的行程开始往南方移动，先是离开开罗到基沙，看到一大片玉米田和橄榄树如何接受了尼罗河的灌溉，长出累累的果实，然后到了埃及最古老的都城孟菲斯。这里离开罗已远，大麦茂盛的生长，沿尼罗河岸还有墨绿色的西瓜田，已经是农业地区了；妇人们缓缓滑下河岸斜坡，从河边汲水到陶罐子里，顶起在头上，轻步走过市街；驴子转动水车，把河水打进田里，小孩光着身子成群跳进河中戏水，河岸水浅处也能见到翠绿的水草了。

尼罗河是北流出海的河流，我们往南方行走正是溯河而上，慢慢逆寻它清澈的流迹。从开罗搭埃及航空公司飞机飞往路克索和帝王谷的空中，俯瞰的尼罗河如一条蓝色的襟带，从无边的沙漠穿越而过，埃及的空中无云，飞机越高飞，越能感受到尼罗河的绵延无尽，仿佛能看到公元前 3000 年在尼罗河航行的船只，正运着巨大无比的石块，要向北去建造法老王的金字塔。

真正体会尼罗河之美是在路克索的黄昏。在这个只有 7 万人口的小城，依靠生活的方式是农业和观光，还有极少数人从事尼罗河的捕鱼业，及小交易的商业，所以尼罗河几乎是未被污染的。它两岸的植物也都长得格外青葱，草地是不用说了，满树繁红的凤凰花，白色与粉红色的夹竹桃，高大如塔的樟树，擎天高举的槟榔……在路克索的三天，天天有说不出的惊喜，因为想像不到的植物竟都在这里看到。第二天发现了扁柏、武竹、天人菊、向日葵、芦荟、九重葛、变叶木、木麻黄，就像是走在台湾乡间的小镇，第三天看到了一片稻米田、一片棉花田，还看到令人不敢相信埃及会有的莲花。尼罗河的富庶不必再看河水了，只看植物生长的情况就能深切知道。

最好当然还是天蓝无云，落日深红的黄昏，虽说尼罗河畔温度较沙漠凉爽，到底还是非洲的太阳不能承受，本土生长的埃及人也吃不消他们的太阳，所以埃及众神里，太阳神最发达。他们午后吃过饭，纷纷斜躺在草地上午睡，抽闷烟、聊天，马、驴子、骆驼也全躲在树下，等太阳西斜，要到下午 3 点以后才慢慢有人慵懒地上工。路边那卖埃及茶的老人也怨天热，自己倒杯茶在凉棚喝起来了。

沿着尼罗河畔，路克索有许多小吃店，一半架在河上，一半搭在草坪上，用的是竹子和稻草。许是省电的关系，小吃店一律点蜡烛，进来一位客人点一枝蜡烛，到处烛光摇曳。临河的窗子是用竹子向外撑，河面上的风微微吹送，河上还有月光与星光，衬着屋里的烛光，河面显得格外的光明。

对埃及的食物我们毫无概念，只叫了一较典型的地方食物，主菜当然是闻名于世界的尼罗河鱼了。在河畔烛光的晚餐中不能无酒．又点了一瓶土制的埃及啤酒。先上来的是啤酒，金赤色，喝在口中有点刺舌，是道地尼罗河水酿造的。

接着送上黄瓜与大饼，削片的黄瓜爽脆可口，大饼是粗麦做成的，硬得像窝窝头，难以下咽。主菜里有一小撮大米、一小撮黄豆，与半条尼罗河鱼同熬，味道甚是奇特。尼罗河鱼值得一记，形状与台湾的尼罗河红鱼一般，却比台湾的大三倍，也不是红色的，是褐色的，肉质极粗，味同橡皮，我们总算领教了道地的埃及菜。第二天并且付出代价，上吐下泄，腹痛如绞。我们的导游说这是“尼罗河肚子痛”，是大部分

观光客都会遇到的，他说：“尼罗河水就是这么奇怪，埃及人吃了无碍，外地人一吃就闹肚子。”他还警告我们不要下尼罗河玩水，因为里面菌类丰富，外地人连洗手都可能过敏。

虽然尼罗河的晚餐是付出代价的，但我还是喜欢那样的晚餐，尤其是夜渐渐深沉，能听闻河水轻轻的流动声，看烛光与月光映照，星子一颗颗明亮的倒影，就像突然从天空落到水上，无声而清明。埃及古文明数千年就像河水流过长夜，那闪亮的星子则是永恒的古迹，能听到法老王轻轻的咳声。

离路克索一个小时车程的帝王谷，也在尼罗河旁，是历代埃及君王的陵墓之地，景观却与路克索完全不同。路克索到处是绿色植物，漾满生机；帝王谷则是巨石与沙漠的天下，一株草都难以生长；偶尔路过几个小村，居屋窄小，人民生活贫困，车子一停，大群衣衫褴褛的孩子就围在窗口向人乞讨，随便给一个孩子一颗糖，就可能造成孩子打成一团，看起来让人伤心。导游告诉我们，除了城市较繁荣以外，埃及大部分土地上都是这样贫苦的人民，虽然他们也依靠尼罗河维生，可是沙漠大部分土地无法种植，耕地极少，生活极为不易。

路克索还是尼罗河豪华游轮的停靠大站（这种游轮因在电影《尼罗河上谋杀案》上出现举世闻名）听说乘坐游轮，从开罗一路往上游，到亚斯文时几乎能看遍埃及古迹。我无缘拾搭乘，只好搭阿尔及利亚航空公司飞机沿河而下，一路到亚斯文——这个以世界第一大拦水坝闻名于世的地方。

我们居住在亚斯文的象岛上，听说岛上以前产象群，不知何时已绝种了。尼罗河到此分叉，象岛是最富庶的一块绿洲。“奥比罗饭店”有自备的轮船作为与对岸亚斯文大城的交通工具，还有帆船供人乘坐，住在象岛绿洲才更深劾感觉尼罗河的魅力。河水像两只温柔的手臂环抱着小岛，四周全是澄明呈碧绿色的尼罗河水，由于有绿洲，河水流速更缓，仿佛大湖。远望尼罗河的来势，真是河水滔滔，有无穷之相；亚斯文的尼罗河又比路克索要美，因为它更巨大、更清洁，鱼产也更丰。

要说亚斯文的尼罗河段鱼产丰富，不必看那两人一组的舟子在河面上撒网捕鱼，光看河岸边的白色水鸟就能知悉。水鸟群聚在沙洲上密密麻麻竟然没有丝毫空隙，轮船驶过则全数飞起，咻咻相应，那时每一只水鸟是一个音符响起，千万个音符随风响起，尤其是清晨和黄昏，水鸟就跟随着轮船驶过的波动水涟，寻找着浮出水面的游鱼，满天翱翔的水鸟，景观甚是壮丽。舟子说，尼罗河流过肯尼亚、乌干达、伊索匹亚、苏丹、埃及，而亚斯文这一段算是最美的。

我们常常到天黑还舍不得下船，在亚斯文，天色尚未黑，星子早就在天上，每一颗都像是尼罗河水清洗过，结实而明亮，它们落在河中的倒影更美——水不断无声流过，星子永远在同一地方，不奔逐流水。星子在尼罗河中，像伸手就可以触及。黑夜来临的时候，舟子正忘情的放歌，歌声一再重复，但曲调每一句都不同，时而欢快奋扬，时而低沉忧伤，时而缠绵悱恻，时而柔肠寸断，问起歌里的意思，他说只有一句，是：“我心爱的人，在远方，我心爱的人，在远方……”歌声好像随河水，真的飘往远方去了。

到亚斯文，不能不去世界最大的水坝——亚斯文水坝，也是世界最大的人工湖，长 500 千米，宽 30 千米，水深 120 米，在视觉里就像一弯青色的海洋，从这湖中捞起的尼罗河鱼，每天就有 50 吨。湖边有 12 座发电厂，全埃及的电全是这里供应，甚至还能外销。

这巨大无比的水坝，始建于 1902 年，经过两次扩建，历时 30 年才完成，千余人在建坝时死亡，有 16 个神庙迁走，3.5 万人离开故居，这些数目都一再印证亚斯文水坝在沙漠地带建起来的艰辛。水坝刚建成的时候，埃及人都陷入狂欢状态，因为它使尼罗河不再泛滥，增加耕种面积达埃及原有的三分之一，发电、灌溉、鱼产都足以供应全国。

经过 50 年，埃及人的狂欢冷却了，并且开始真正体会到亚斯文水坝的严重缺点，最大的一项是它整个改变了尼罗河的生态锁链，断丧了

许多沿岸生活的动植物生机。其次，原来每年6月到9月尼罗河泛滥，为两岸农田带来肥沃的泥土，使作物不必施肥料就能生长，现在肥沃的泥土全在水坝沉积，农田失去沃土，政府不得不投下无以数计的资金向国外购买肥料。其三，由于河水被拦住，下游河水水位降低，每年海水向南倒灌，造成稻田、棉田两大生产的无数损失。

最后，亚斯文水坝的效益正在减少，每年沉积泥土75厘米，10年75米，水深每年涨高3米，水坝又无法清理，它的寿命日渐短促，使得一般有远见的埃及人忧心忡忡；而且它将来可能是尼罗河的癌症，毫无解救的办法。

我们站在高处，瞭望这一片广大靛明的湖水，真不敢相信湖底下竟有那么深的隐忧，正在随湖水日日上升；一般埃及人当然不能知悉这些，惟一知道的是，古文明的埃及已随河水流去了岁月，现在机械文明的脚步则一步步踩在文明之上从河水上走来。将来会如何，是谁也不能预测的！亚斯文水坝附近有一个理工学院，建在亚斯文沙漠与撒哈拉大沙漠的交界处，许多埃及大学生埋首研究水坝的问题，他们在寸草难生的沙漠地上，研究着世界上最大的湖水的将来，说起来也是对数千年来养育埃及文明的尼罗河一个极大的讽刺。

埃及农民才是最辛苦的，他们每年要到河岸挑土加在田里才能耕种，还要做几千年祖先未曾做过的施肥工作，不免对水坝有一种又爱又恨的情愫吧！

河水对这些全然无言，它只是顺着河道前行，往地中海直奔。人所种的因，要由人自己去付出代价。尼罗河从开天辟地起就不曾改变它的流量与河道，它的美丑是由人来决定的，这样想时，就益发觉得尼罗河的宽大与无限。亚斯文水坝看起来是够壮观了，但是，比起一整条河又算得了什么呢？

南极冰川

位梦华

只有当你乘坐飞机飞越南极大陆时，你才能看到南极冰川的真正气势。这时，在你脚下徐徐而过的既不是黑色的土地，更没有绿色的原野，而是洁白一片，茫茫无边，完全是一个冰的世界。甚至连那些在其他大陆上一向是岿然巍峨、锋芒毕露的群山也都变成银装素裹，低矮平缓，失去了本来拥有的锐气。这是因为，巨厚的冰川填满了所有的沟沟壑壑，致使那些高耸的峰峦也都遭到了灭顶之灾，即使偶有露出冰面者也都被一层厚厚的积雪所覆盖，看上去只不过是一排排小小的冰锥而已。这情景使你不得不对那气吞山河、压倒一切的冰川产生某种敬畏之感。

在冰川之上，偶尔还可以看到几条黑色的条带，纵横交错，笔直的延伸开去，那原来是冰缝，两壁陡峭，深不见底，像魔鬼的大口，张开着，随时准备吞掉一切似的。这时你会感到一股透心的凉气，觉得这冰川实在是有点险恶。

世界上最大的冰川是东南极查尔斯王子山脉附近的兰伯特冰川，长达400千米，宽约80千米，比世界最宽的河流还要宽几十倍，其最大厚度2500米左右，这更是任何河流所无法比拟的。然而，其流速却要比任何河流，甚至比一条小溪都要慢得多，平均每年只有350米左右。但在冰川之中，这已经算是流动得相当快的了。

南极大部分的内陆冰川都流入了罗斯海和威德尔海，构成了两个巨大的冰架。罗斯冰架宽达800千米，厚度从200米到800米不等，总面积为53万平方千米，比法国还大。威德尔冰架的厚度变化更大，最厚处达1300米，总面积约为40万平方千米。

南极冰盖的平均厚度为2000～2500米，最厚的地方达4800米。总共含有2450万立方千米的淡水，其重量可达24.5×10^{15}吨。如此沉重的负载压在南极大陆之上，迫使那里的地壳向下弯曲，发生了严重的变形。据科学家们估计，如果南极冰盖完全消融，那么，由于重力均衡调整的结果，南极大陆的表面将会上升600～700米。这样的现象在北极部分地区已经发生过。

有谁能够想到，如此粗犷、博大、严酷，甚至有点残忍的冰川还会生长出艺术家的细胞来呢？离麦克默道基地不远处的冰崖上有一个冰洞，实际上就是冰川中的一条裂缝。由于预部已经被冰雪所覆盖，内部蒸发的水分不能散发出去，便在缝壁和天篷上重新凝结，久而久之，生长出无数冰片和冰柱，小的如针尖，大的大到几十米，如水晶雕刻的一般，千姿百态，玲珑剔透，把整个冰洞装饰得琳琅满目，奇妙无穷，就像是一座艺术的宫殿。其造型之优美，构思之巧妙，连世界上最好的雕塑家也会为之倾倒。凡参观过冰洞的人无不为之感慨万分，看来冰川真有点“内秀”，不愧为一名别具匠心的艺术大师呢！

不仅如此，冰川还是一位极好的收藏家。

它把古代的空气收集起来，封闭在自己的气泡里。研究这些古空气，科学家们不仅能知道古代气候的变化，而且还能知道大气污染的过程。

它把空气中的微粒和尘埃收集起来，储存在自己的身体里。通过对这些微粒和尘埃的分析和研究，科学家们不仅能够知道长期以来火山活动的周期性规律，而且还能得到来自宇宙的重要信息。例如，火山学家们根据南极冰雪中火山灰的含量，精确地确定出了在最后这个冰川期中，地球上出现的几次火山活动的高潮期和低潮期的时间。

它把历年的降雪积累起来，一层层地叠加上去，构成了像树木年轮一般的层理。通过对积雪冰晶中所含氧同位素比例关系的分析，气象学家们不仅清楚地推算出几万年乃至几十万年以来地球上气温的变化，而且还能有效地预测未来气候的发展趋势。

也许，作为兴趣广泛的收藏家，南极冰川最大的贡献是，它把降落到南极大陆上的陨石完好地冰封起来，保存下来，这些天外来客为宇宙学家们提供了极其宝贵的来自于外层空间的重要信息。

站在罗斯海的冰面上向大陆望去，就会看到，沿大陆边缘分布着一些大大小小的黑色山丘，这就是冰川沉积。原来，流动着的冰川就像是一台巨大的推土机，沿途将所有能够搜刮到的东西都收集起来，席卷而去，堆积到大陆的边缘，形成了一些连绵起伏的丘陵，就像是为这块白色的大陆镶上了一圈黑色的花边似的。在这一带漫步，常可看到，在一些巨大的沙丘当中原来还埋藏着冰川的遗骨，往里面望去，黑洞洞的，像一块块巨大的半透明的碧玉，深邃莫测，这使你会突发奇想，以为里面也许隐藏着一个童话的世界。

在入海处，常有大大小小的冰块垮落下来，形成无数的冰山，漂浮而去。南极的冰山大多是平板状的，其边长从几十米到几百千米不等。到目前为止，所记录到的最大冰山长达 180 千米，远远望去，就像是一个海岛似的。据估计，每年大约有 5700 亿吨冰以冰山的形式落到海里，然后慢慢融化。在过去，漂浮在海上的冰山曾经给航海家造成了严重威胁，造成了不少像泰坦尼克号似的海上悲剧。但现在，因为已经有了先进的导航设备，它们已经不再那么可怕了。相反，有人正在计划着将这些冰山拖到世界上干旱的地区，来为人类造福。

既然冰川在大陆边缘似乎正在消融，而每年又有那么多冰山投身到茫茫的大海里，那么，长此以往，南极冰盖不是很快就会消耗殆尽吗?而这正是冰川学家们在南极研究中所要弄清的最重要的问题。

在人类到达南极之前，冰川学家们只能像考古学家似的，在世界一些地区根据零星的冰川遗迹对早就消失了的冰川进行瞎子摸象似的研究和推测，结果常常是意见纷纭，争论不休，例如像我国黄山冰川是否曾经存在就是一个颇有争议的问题。因此，当冰川学家们来到南极的时候，他们真是欣喜若狂，因为在这里他们不仅可以亲眼目睹冰川的雄姿，而且还可以对冰川活动的规律进行详细的调查和观测。也就是说，正如地质学家一样，冰川学家终于在南极找到了一部无字的天书。阅读这部天书，他们不仅能够解开许多一直使他们迷惑不解的问题，而且还能得到一些他们原来未曾想到过的极为宝贵的信息。

当然，对奋战在南极的冰川学家来说，当前最重要的研究课题就是弄清南极冰盖的动向，到底是在继续增长呢？还是如气象学家所担心的那样，正在趋于消融？但是，要搞清这个问题是十分困难的，因为南极是如此之大，而人所能到达的地方又是如此之少，所以要想搞清楚整个南极地区的年降水量、年蒸发量以及所有冰川的年消融量都是极其困难的。不过，从现在所得到的结果来看，问题似乎并不像气象学家们想像的那么严重。因为所得到的结论是矛盾的，有人认为南极冰盖每年正在增厚 9.9 厘米左右，有的则认为恰好相反，南极冰盖每年在减薄 3.1 厘米左右。这些数字意味着，地球的海平面或者每年下降 3.6 毫米，或者每年上升 1.1 毫米。看来，无论是哪个数字，在短期之内对于人类的生存都还构不成什么严重的威胁。而有的人调查的结果则认为，沿海所融化的冰川的水分每年又以降雪的形式回到了南极大陆。据估计，在广大的沿海地区，每平方厘米每年可以接受到的积雪为 22 克左右，大体上正好可以补偿由于冰盖消融和垮落所损失的量。也就是说，收支平衡。若真是这样的话，那人们就更可以放心了。

但是，应该指出的是，这些数字都是极不可靠的。因此，科学家们既不过早地乐观，也不抱任何侥幸心理，而是仍然在辛勤地工作，正密切监视着南极冰川的发展趋势。

总而言之，如果我们要对南极冰川的风格斗胆评论几句的话，那么我想说，它既有使人敬畏的力量，又有令人神往的魅力；既有摧枯拉朽的气势，又有精雕细刻的耐心；既有改天换地的潜能，又有含而不露的胸怀；既能纵观历史之长久，又能广收宇宙之博大。也许，这正是南极冰川所能带给人类的启示吧！

尼亚加拉瀑布十绝

高 放

听很多人讲过游览美加之间的尼亚加拉瀑布的感受，也读过多篇关于尼亚加拉瀑布的游记，然而似乎都还未能全面概括出它的特点。百闻不如一见，百读不如一践。近日我畅游了这个举世无双的绝景，深感可以用十个字简明地点出它的十个绝妙特色。

一曰平。瀑布大多是从高山流水而下形成的，而尼亚加拉瀑布却出现在平原。北美的五大淡水湖都是在平原地区，但是并非在同一水平面上，而是处于尼亚加拉山脊的斜坡上。其中苏必列湖、密西根湖、休伦湖和伊利湖之间的落差较小，惟独伊利湖与安大略湖之间平面相差达99米之多。伊利湖水途经56千米平坦的尼亚加拉河，从上而下，流入安大略湖。这条河是美国和加拿大的分界线。在河的中段，有一个悬崖断壁，流水在这里才涌现了尼亚加拉瀑布。平原出飞瀑，这是它诞生的稀绝环境。

二曰凹。尼亚加拉瀑布共有三处胜景。最大的是河水从河中公羊岛左侧流入加拿大境内的“马蹄瀑布”，因这里的陡崖绝壁宛如凹字形的马蹄状而得名。瀑布上端曲线弧长约793米，落差49.4米，每秒水流量260多万升。世界上的瀑布在这样宽阔巨大的凹字形圆弧状削壁中奔流，实属罕见，不能不说是空前绝后的奇景。

三曰凸。仅次于“马蹄瀑布”的是从河中公羊岛右侧流入美国境内的“美利坚瀑布”。由于这里的断崖不是较为平整的直线，而是有三五处伸出来，这样就使得瀑布的水帘变成前后交错的奇特局面。在瀑布顶端还有一块鹅卵形大石头凸起挺立，历经急流猛力冲撞，依旧岿然不动，尤为奇观。美利坚瀑布宽335米，高54米，每秒流水量28万5千升。虽然它的宽度和流量小，但是与“马蹄瀑布”的凹形相反，它的凸形景观却另有其超绝特色。

四曰纱。介于“马蹄瀑布”与“美利坚瀑布”之间，有一个从属于后者的小型瀑布，名叫“新娘面纱瀑布”。这么美妙的名称表明它宛若新娘面纱。它之所以能够形成面纱一样均匀轻薄的画面，实由于它的断崖顶端既不凹也不凸，显得平整笔直。同时瀑布身后的绝壁上隐约含有像眉目、鼻嘴、脸庞等凹凸不平的条痕，这样从对岸加拿大那边远望瀑布，就疑似在轻薄面纱后面是一个娇媚含羞、喜笑颜开的新娘。这是它的绝伦特色。

五曰绿。瀑布水练都是银白的，遥看“马蹄瀑布”广阔的水面却呈现出翠绿色。一眼望去，绿白相间，白外有绿，白中透绿，绿中含白，白瀑之中间有绿流。这真是绝色佳境。这种瀑布泛绿的的现象是缘于河水少有污染，又含有藻类而显现淡绿本色，再加上周围坡地遍布茵茵绵绵的绿草绿树；其绿色在阳光普照之下辉映折射到湖水之中，就更使得水面碧绿有加。

六曰风。在“马蹄瀑布”与“美利坚瀑布”之间，有一个著名的风洞。风声呼呼，风鸣飕飕，掀风鼓浪，兴风作浪。这时漫步岛边乘电梯下降到河床前沿，登上“雾中少女”号游艇溯河而上，可以乘风破浪观赏三个尼亚加拉瀑布全景。这时好多人争抢难得的机遇录像摄影。当游艇靠近瀑布中心点之时霍然疾风劲吹，旋风回转，暴风骤起，狂风猛扑。在风驰船进，剧烈颠簸中抓住船舷倚栏观赏飞瀑奔流，却别有一番绝妙的滋味。

七曰雨。飞瀑长流都会溅起水珠，散落雨点。可是尼亚加拉瀑布的

雨情却不同凡响。它由呼风唤雨、和风细雨、和风沐雨，到凄风骤雨、狂风大雨、急风暴雨，令人感受到风雨交加、风雨飘摇、风雨同舟、风雨挺进的意境。尽管人人都披上了登艇时发给的蓝色塑料雨衣，依然风吹雨淋满面，浇湿了鞋袜袖口。迎风挡雨，仰望飞瀑腾跃，遥看蓝天上依然骄阳似火，金光四射，真是气势超凡，绝景难觅。

八曰雾。飞瀑湍流，常有烟雾飘拂。然而尼亚加拉瀑布的雾幕因有凹字形的大盆地而显得格外稠密、浓重。放眼环顾，真像堕入五里雾中，渺茫遮蔽，迷离恍惚。在沉雾中刮目察看飞瀑浪花，浑然花非花，雾非雾，花犹花，雾犹雾，雾中有花。花外弥雾。我们乘坐的游艇。命名为“雾中少女”，身披的雨衣胸前正中还印有“雾中少女”字样。它来回驾驶荡漾在迷雾之中，更增添了景物一体、天人合一的美感。游艇远离雾区之后，远眺雾霭冉冉升空，大有腾云驾雾气势，久久难以云消雾散。有人误以为这阵阵婀娜云雾是工厂烟囱冒出的灰烟，其实它是尼亚加拉瀑布罕有的卓绝特色。

九曰雷。飞瀑急流会因激烈冲击而发出吼声。惟独尼加拉瀑布因有马蹄状既宽且深的幽谷而造成连声共鸣，使得震声犹似雷霆隆隆，霹雳轰轰，声震遐迩，如雷贯耳。这可以说是尼亚加拉瀑布的绝响。在绝响中观瀑，仿佛是天仙应声素装飘忽下凡，和声白练翩翩起舞。“尼亚加拉”在印第安语中意为“水的雷鸣”，可见从其命名来看，“雷鸣”最能显示出尼亚加拉瀑布绝唱的特色。

十曰梯。经历了风雨雾雷、饱赏了瀑布风光之后，游艇缓缓回到岸边。上了岸就会发现紧靠“美利坚瀑布”右侧建有近百个台阶的天梯。沿梯拾级而上，登临顶端，只要探头伸手，几乎就能够揽触瀑布水柱，达到身近飞瀑、人瀑一体的绝佳境界。再仰视四周，有无数白色河鸥正张翅翱翔，穿梭盘旋，悠然自得，搏击长空，似乎要与飞瀑竞飞媲美。如果人们也能像灵鸥一样插翅起飞，那岂不是绝好的梦想？

欣赏完尼亚加拉瀑布的十绝，再回到娟秀雅致的公羊岛上参观博物馆，进而了解到这个稀世罕见的瀑布是在一万多年前更新世后期形成的。那时北美大陆冰盖消融，露出白云岩构成的尼亚加拉斜崖颓壁。伊利湖流水经引外泄，方成瀑布。有史记载以来，只有在20世纪30年代初因严寒冻河断流，尼亚加拉瀑布曾有一次消失。这也是绝无仅有的奇闻。白日雨后天晴，在瀑布高空能够喜见彩虹，夜晚在七彩灯光映射之下瀑布更显得多姿多彩。

尼亚加拉瀑布十绝体现了水、石、风、土、形、声、色、景的和谐统一。如诗始画，载歌载舞，动中有静，软中有硬。为全面领受这十绝美景，可以从侧面、正面、上面、下面四面八方来尽情鉴赏。侧面、上面是在美国这边公羊岛上从南到北边走边看，正面、下面是从岛的北端乘电梯下降到岸边登游艇沿河而上饱览；更可以从对岸加拿大那边堤岸或高楼高塔上、甚至从高空直升飞机上俯瞰瀑布全景。整个瀑布如轻纱挂前川，若银河落九天，激波汹涌，惊涛澎湃，气势雄伟，景象壮丽。呈万马奔腾之势．有雷霆万钧之力，含万象更新之概，现气象万千之美。它每年吸引了近千万的游客，求得与大自然的交融和契合。

潜游泰国海底世界

华 夏

海底世界的多彩多姿时常令生长在陆地上的人们感到莫名的神秘与向往。泰国这个得天独厚的国家，因其蜿蜒漫长的海岸线及热带性气候的优良条件，而跻身世界知名潜水地区之列。

泰国的潜水区以东边介于柬埔寨间的暹逻湾，及西边紧邻着印度洋的安达曼海为主。

距离首都曼谷约860千米，人称“泰国的珍珠”的普吉岛是安达曼海中最为人熟知的潜水区。普吉岛是个呈南北走向的狭长岛屿，面积约与新加坡相近，岛上全是绵亘的山丘及盆地，周围除了清澈的水域外，列属的一连串三四十个岛屿最受潜水人士青睐。

PP岛位于普吉岛东南，乘快艇约两小时可达。PP岛水域中生长着各类硬软珊瑚，时常可见的海洋生物有黑白斑鲨、鳗鳄和233鱼，潜水深度达30米，水下能见度为10～25米。

鲨鱼岬位于普吉岛东方约90分钟船程的海域上。鲨鱼岬是一个水中礁崖，也是豹鲨及316鱼最喜欢栖息的地方。来此的游客常可见到专业的潜水者在海中喂食豹鲨及鳗鲡，其情景宛若交情至深的老朋友。

海域下的瑰丽景观最引人注目的就属珊瑚了。由于在海中的珊瑚常长成树丛状，因此有好长一段时间，珊瑚一直被误认为植物，直到十八世纪中期，生物学家才认清珊瑚原来是动物的一种。

至于珊瑚的缤纷色彩，则与供给珊瑚虫主要养分、寄居在珊瑚虫细胞内的共生藻有密不可分的关系。由于藻类的色素往往随环境的状况呈现不同的颜色，因而珊瑚虫细胞内的共生藻便赋予了海底美丽而多变的色彩。

欲欣赏珊瑚的绚丽色彩，去普吉岛西北约 80 千米处的丝米兰岛，有“珊瑚花园”之称。以 9 个岛屿组成的丝米兰群岛，现已被列为国家公园，可说是泰国最优良的潜水区域。

芭堤雅沿海约有 30 个大小不等的岛屿，周围尽是丰富多彩的珊瑚。在海底礁层中云集着色泽艳丽的热带鱼、珊瑚鱼，此外如扁鲛、海生鲈鱼及斑鲨鱼，亦是全年皆能观赏到的海底生物。

近几年来，位于暹罗湾西岸、曼谷南方约 460 千米的“春蓬”成为潜水的新兴区。春蓬的海底景观自有其独特的地方，其绚丽多姿的硬珊瑚及软珊瑚包括柳珊瑚、杯状珊瑚、平型珊瑚。常见的海洋生物有海葵、小丑鱼、斑马鱼、海绵鱼、海巴鱼、海星及龙虾等，尤其在软珊瑚群中更可见到如鲸鲨、绿海龟和鳗鱼从身旁游过而毫无戒心，别有一番情趣。

三、园圃赏美

大自然的橱窗

黎先耀

1979年初春，我参加全国科协代表团赴欧洲考察科学普及工作，曾经参观了瑞典、英国、法国的一些历史悠久、规模宏大、内容丰富的自然历史博物馆，并且受到了主人们热情友好的接待，心中留下了难忘的印象。

林耐的故乡

我们的乘飞机，从德国经过丹麦，越过波罗的海到达了瑞典。飞机在斯德哥尔摩降落前，我俯视着舷窗前掠过的覆盖着白雪的美丽的森林和湖泊，忽然想起了瑞典女作家写的一篇有趣的童话。童话讲一个孩子变成了小矮人，骑在天鹅背上飞过瑞典的冒险故事。当我们驱车经过瑞典皇宫前面的港湾时，惊奇地发现那里的碧波上，真的游弋着成群的悠然自得的天鹅，几个天真的孩子正嬉笑着给可爱的天鹅喂食。堤岸边竖立着一块大牌子，上面画着十几种教市民辨认的受保护的鸟类。一踏上近代生物分类学始祖林耐的故土，人们热爱自然的情感，就深深地感染了我们。

在瑞典自然历史博物馆里，我们参观了纪念林耐逝世200周年的展览。展厅中站着一座真人一般大小的栩栩如生的林耐的塑像。展览介绍

了林耐根据花蕊进行植物分类的方法和后人在生物学分类方面从人为分类进而到自然分类的发展。还有一个题为“生活在宇宙中”的展览，展出了通过无线电望远镜和宇宙飞船探索太空所得到的资料，提出了宇宙其他星球上有无生命的问题；同时，还陈列着宇航员的服装和采自月球的砂粒。这种临时性展览是根据巡回展出的要求而设计的，以后还要到瑞典其他城市的博物馆展出，以便同更多的观众见面。

瑞典自然历史博物馆收藏的地质和动植物的现生标本和化石标本共1100多万件，永久性陈列着的有15万件，除了斯堪的那维亚半岛的齐全的标本外，还有采自全世界不同地区的各类标本。这个博物馆里展出了丰富的海兽标本，还有一个鲸类的专门陈列室，展出了各种鲸类的剥制标本和骨骼标本。展室楼上还有一间小屋，观众到里面一按电钮，就可以听到鲸鱼在海底互相呼唤的鸣声。

我们在斯德哥尔摩市的一座小山上，还参观了很有名的“斯坎森”露天博物馆。原始的风车在天空缓缓转动，山上奔跑着北极的鹿，池里泅游着北海的海豹。那里，不但养殖着瑞典各地的动植物，还有从全国各地搬迁来的100多座不同时代和不同风格的民间建筑。连住在这些房屋里的人们，也穿着古老的民族服装，从事着当时当地的生产活动。

瑞典的人们现在仍然如此热爱自然，保护自然，除了传统的历史影响外。主要还是有其现代的社会原因。瑞典自然历史博物馆的负责人向我们介绍说，由于现代瑞典工业和交通的高度发达，带来了生产的进步，同时也带来了环境污染的问题。瑞典的公众和政府对自然保护问题更加关注，尤其对北海的鱼的命运忧心忡忡。因此，现在博物馆的科学家把人与动物、人与环境的关系作为研究的重点课题，并且还设计举办了环境保护的展览，向公众普及这方面的知识。连政府中也曾有七位内阁大臣前来参观，还同博物馆的有关专家一起进行了讨论。我们离开瑞典不久，听说一艘油船在北海上溢出大量石油，斯德哥尔摩的很多市民为了抢救海洋中的生命和资源，自动跑向港湾，双手被冻僵仍坚持在冰上搁舀石油。我仿佛听到了林耐故乡的天鹅的悲歌，我遥祝它们平安无恙。

“猎犬”号航程

走进伦敦那座典型的维多利亚式建筑的英国自然历史博物馆，可以看到柱子、楼梯甚至阳台，到处都是现存的或灭绝了的动植物的赤褐色的浮雕。这里收藏的标本多达4000万件，因为标本越积越多，库房容纳不下，几年前的主楼东翼又新建了一座古生物大楼，那座7层楼共1万平方米的新式建筑，收藏着700多万件珍贵的各种化石标本，里面还设置了有关古生物的专门实验室、研究室和图书馆。英国历代著名的科学考察远征所收集的标本都收藏在这里，包括达尔文乘“猎犬”号（音译“贝格尔”号）所作的那次为进化论开辟道路的历史性航行，采集到的南美洲的各种现生的和化石的标本。我们看到曾启发了达尔文进化思想的、披着甲胄的古怪的大犰狳标本，至今还完好地陈列在博物馆里。这些标本，引起了少年儿童观众的好奇心。

博物馆里分门别类陈列着的五光十色、千姿百态的生物和古生物标本，从无脊椎动物到脊椎动物，从孢子植物到种子植物，体现了生物从低等到高等进化的历程。拿鸟类来说，这里陈列着从较原始的巨大的鸵鸟到较进步的娇小的蜂鸟，从海中潜水的企鹅到高空飞翔的鹰雕，还有毛里求斯岛上已绝种的不能飞翔的愚鸠（即渡渡鸟）。这里还可以看到在德国发现的1.5亿年前的相当完整的始祖鸟化石。它只有乌鸦那么大，嘴里有牙齿，像一只小恐龙，还有羽毛的印痕。羽毛是鸟类的特征．因此有人认为它是刚从爬行动物过渡来的原始鸟类。据说这样完整的为自然界保存了重要历史事件记忆的珍贵化石，目前全世界只发现了三块，这是其中的一块。这里还收藏着丰富的已经灭绝的爬行动物化石。

英国也是爬行动物化石的产地之一。鱼龙化石在英国也相当普遍，

博物馆中有几具是世界上最好的鱼龙化石。最近还在美国得克萨斯发现了一具翼龙化石，双翼展开宽达 17 米，简直像一架战斗机，是目前已知的世上最大的飞行动物。

生物分类学的研究，不仅对进化理论的探讨和自然历史知识的普及，具有重要的科学意义和哲学意义，并且对医药、农业、渔业和矿业等生产技术领域，也具有很大的实用价值。因此每年到这里来参观学习和进行科学研究的人，达二三百万之多。现在，这个博物馆里约有 300 位科学家从事标本采集和鉴定分类工作，除了宏观的形态描述，还利用高级的现代化设备，如微型计算机、电子微型探测器、电子显微镜来进行研究，利用扫描和透射电子显微镜能进一步研究生物体细微的结构的特征。科学研究的新发现，导致对于生物的亲缘关系和进化过程的新的概念，因此从林耐到达尔文，直到分子生物学兴起的现在，分类工作不但没有结束，还在原有基础上不断向前发展。例如最近几年他们正在根据动物血液中的血红蛋白物质，进行动物亲缘关系的重新比较。真是科学无止境。探索进化论的这艘“猎犬”号，仍在继续它的航程。

宏观微观之间

西欧国家的自然历史博物馆，虽然至今主要还是采用门、纲、目、科、属、种的传统分类陈列方式，但是由于生物科学的飞速发展和教学工具的日益进步，促使他们逐渐采用逼真的生态布景箱的方法和生动的视听设备来展出现代生物学的新内容。如英国自然历史博物馆里有一个关于生态学的新陈列，题目叫做“自然界在工作”。这个陈列通过电动景观和模型，介绍了太阳、水、空气和土壤，经过光合作用，使植物大量生长。植物养活了较多的素食动物，这些生物又养活了人类。这种生态系统结构的图画，生动地展现了地球上能量的获得和转移的过程。他们用制作得像复活了似的动植物标本，布置了英国海岸和森林的生态景观，向观众重现了花鸟虫鱼、飞禽走兽在自然界既互相制约又互相依存的真实情景。这些错综复杂的食物链和食物网的形象，从生物学基础理论方面，宣传了保持生态平衡、加强自然保护的重要性。我们在参观时，看到有的母亲正在教孩子操作电动的生态景观，告诉孩子保护益鸟和青蛙的好处。

英国自然历史博物馆里还有一个新设立的关于人类自身的展览——人类生物学的陈列。我们一进这个陈列室，就看到了婴儿诞生之前，在母体内胚胎所经历的整个发育过程的自动幻灯。人们可以通过两个男女的电动模型，观察性激素在人体整个发育过程中所起的作用。我们看到有些孩子和大人都有兴趣地正在一些电子设备前测验自己的大脑和耳目对外界各种反应的灵敏程度。这种新的陈列方式，在观众面前不但展现了芸芸众生的宏观世界，还打开了奥妙无穷的微观世界，使严肃的静态的博物馆变得生气勃勃。改变了过去博物馆里观众与展品“脱离接触”的传统关系，从“不准动手”变为“欢迎试验”，更加加深观众对陈列的印象和对科学内容的理解。

布丰的风格

我们到巴黎法国自然历史博物馆参观的时候，馆长先生自豪地向我们介绍说，这里就是200年前启蒙运动时期著名的科学家，也是卓越的思想家和文学家布丰整整工作了50年的地方，并请我在布丰生前用过的坐椅上休息。布丰，这位进化论的先驱者，既在科学研究方面有很高的成就，也在科学普及工作方面有很大的功绩。从布丰洋洋30多卷的巨著《自然史》中摘译出来的一些美妙而又平易的关于动物肖像的散文，现在还被选入我国中学生的课本。法国自然历史博物馆一直到现在，还保持和发扬着开创者布丰的这种风格。

这个博物馆有数百位科学研究人员，收藏着极为丰富的标本和图书

资料，还设有一座动物园和一座植物园。它是法国动物学、昆虫学、比较解剖学、植物学、人类学和矿物学的重要研究中心，同时从事大量的科学教育工作。他们除了一部分人员在大学兼课外，还结合各种永久性陈列和临时性展览，向学生和一般公众进行科学普及工作。不久前他们举办过一个关于繁殖和媒介的展览，一个关于电子显微镜技术的展览，很受公众的欢迎。还曾到国内其他城市和国外巡回展出。

他们的科研工作差不多都是同科普工作结合进行的。专家们取得了研究成果，就尽量在陈列室里布置展出，向公众宣传普及。我们参观时，人类博物馆正在展出的关于大洋洲某个土著民族的展览，就是这个馆馆长的研究成果。他很有兴趣地对我说，他相信最早到大洋洲的不是欧洲人，而是中国人，并且向我打听中国是否发现关于郑和下西洋的新材料。那里还正在展出一个关于人体解剖的展览，既回顾了人类长期以来对自身构造逐步认识的过程，其中还展出了我国古籍《性命圭旨》中的人体解剖图，也介绍了现代对人体内部探测的新技术，内容丰富，是公众学习人体生理知识的好课堂。

当我们离开由昔日法国皇家植物园基础上发展起来的这座现代化博物馆时，走过幽美的林阴道，看到草坪中央坐着布丰铜像，手里拿着一个鸟类标本，正深情地望着一群冒着春雨向他走来的学生。我不由得想起布丰著名的演说《论风格》里的一句话：

诗、历史和科学，都有同样的对象，并且是一个极伟大的对象，那就是人与自然。

英国丘园

余树勋

位于伦敦西郊的泰晤士河畔的英国皇家植物园——丘园，终年郁郁葱葱，是个植物王国。

丘园三面环水，占地 120 公顷。18 世纪初，它是英国王室的一个别墅区，国王乔治二世和乔治三世相继在此修建了豪华的宫殿，种植了大片草地和花木，成了王室消遣游乐的园林。1841 年，丘园被正式命名为英国皇家植物园。经过 150 多年的经营，精心栽培了各种奇花异草，目前已成为举世闻名的植物大观园。

漫游丘园，那座具有中国建筑艺术风格的 9 层宝塔，首先映入人们的眼帘。据说，这座宝塔建于 1761 年，是英国乔治时代的建筑师钱伯斯仿造中国宝塔建筑艺术设计的。为修建这座宝塔，钱伯斯曾到过中国考察，回国后著有《东方园林》一书。丘园棕榈馆前湖畔，安放着来自中国的一对大石狮。再加上那峻峭的假山，玲珑的凉亭，荡漾的湖水，潺潺的流泉，还有那挺拔的水杉，参天的银杏，成片的腊梅、杜鹃花、迎春花……丘园此处宛如地道的中国苏州的园林，古朴、典雅、秀美。每年 3 月至 6 月间，园中吐绿滴翠，楠木花、玉兰花、玫瑰花、樱花、月季花相继盛开，斗妍争奇，把丘园装点得万紫千红；林阴中飞鸟啼鸣，婉转动听，加上园中一座座明亮的玻璃温室的衬托，使丘园显得异常清静优雅。

丘园设有现代化植物博物馆、标本楼、3个植物研究实验室、植物图书馆。温室内外种植有4万多种从英国和世界各地移植来的植物，分属340多个科、3100多个属，按照各种植物的特性和生长地带，设热带、亚热带、温带和寒带以及高山、森林、丘陵、湖泊、平原、沙漠、沼泽等10多座玻璃温室。室内安装有自动调节湿度和温度的设备，为来自异乡的植物提供适宜生长的环境和条件。

丘园有两座巨型的棕榈馆，用玻璃建造，室内光照充足，室温保持在摄氏25度。馆内青枝绿叶，灌木丛生，藤蔓缠树，盘根错节，游人入内，宛如置身热带雨林中。有一棵高达25米的蜜棕榈，看来暖房已容纳不下它的高大躯干，树叶已不能自由伸展。这棵树是1841年从南美的智利移植来的，至今已有100多年历史，树干汁液甜似蜜，可用来酿酒。除棕榈属植物外，还有咖啡树、金鸡纳、面包树、香蕉树、毛竹。可可树枝叶呈伞状，树干上结着累累的青可可，都是从墨西哥移植来的。由于这些植物特别高大，游人看不清它们的顶部，为此室内专门设计了一条空中走廊。游人登上转梯，穿过密密的林冠，似乎置身于热带森林的上空，能把每种树木的茎、叶、花、果看得一清二楚。

在热带雨林植物馆里，有一种名为猪笼草的植物，它的枝干攀在别的树上，叶尖吊着一个个半尺长的“小桶”。未成熟的“小桶”口覆盖着，成熟的“小桶”似熟透的石榴，盖子自行打开，“桶”口内卷，并分泌一种蜜汁，引诱贪吃的小虫掉进“桶”底的汁液里，分解后作为它的辅助养料。这种植物原生长在东南亚岛屿多雨的森林里或沼泽地区。这里还有一种从巴西移植的聚心兰，用它伸向四方长而宽阔的叶条，在中心围成一个小“蓄水池”，“蓄水池”里伸出一枝枝美丽的红花，似芙蓉出水，分外妖艳。

在多汁植物馆里，有一棵在这里生长了40多年的拉美龙舌兰，叶长2米多，厚约17厘米，是罕见的大型观赏植物。造型奇美的仙人掌、仙人球和仙人树，也常常吸引着游人。丘园的许多仙人树高达5米以上，树干已成木质；最大的仙人球直径约为1米。还有一种叫做辐射丝兰的稀有植物，产于墨西哥，丛生的叶子像一支支长针向上下左右伸去；底下干枯了的针叶垂在树干周围，把树干装饰得好像一个整齐的草垛。

在光照最强的澳大利亚馆里，除了栽种着袋鼠爪、山茂樫等大洋洲特有植物外，还有一棵克什米尔细柏。这种产于克什米尔高原的植物，具有柏树和垂柳的特点，叶子像柏树，枝条则似垂柳，能够在雨水稀少、光照强烈的高原地区生长，姿态异常优美。

睡莲馆是一个培育水生植物的暖房。在人造湖的岸边，生长着一片纸莎草，是从埃及的尼罗河畔移来的。纸莎草密密丛生的茎干长达2米多，质地坚韧，表皮光滑；古代的埃及人用它代替纸张，为保存埃及的古老文化作出了重大贡献。至今，纸莎草仍是埃及造纸的好原料。

高山植物室是用石头模仿高山峻岭堆砌的，许多来自北极和欧洲阿尔卑斯山区的珍奇植物，都种植在石缝中。为了模仿高山和北极的寒冷气候，不仅在室内输入冷气，并且在土壤中也敷设冷气管道，使高山植物毫无背井离乡的感觉。

丘园的标本室在世界上颇负盛名。这里藏有来自各国的近700万份植物标本，成为世界上最大的植物标本室。这个植物标本室有一个加工车间。除了自制各种植物的标本外，它还同许多国家的植物研究机构交换标本，每年收到各国寄来的标本达5万多份。

丘园对世界的经济发展，曾经作出过一定的贡献。有不少价值较高的经济作物，如橡胶、可可、金鸡纳、面包树等，都是经过丘园的培植和研究之后，才介绍到世界各地的。

亨廷顿植物园

汪菊渊

亨廷顿植物园坐落在洛杉矶的东北部，占地 84 公顷。全园共栽种自世界各大洲引进的 1.4 万多种植物，又依山傍水建造了风格各异的不同国家的园林建筑。

通过主楼过厅，是一大片碧绿如茵的草坪，向西从两幢乳白色小楼中间穿过去，再往北走，进入了小径回廊、鲜花绿树的世界。这里是一座 17 世纪意大利式花园。

再西行绕过一道白墙，可以听到悠扬悦耳的古刹钟声。走近以后，可见墙中有一道东方式月亮门。进门南侧有一座古雅的东方式木结构小亭，亭内悬挂着一口铜钟，洪亮的钟声就是由游客击钟传出的。据说这是从日本运来的 18 世纪制成的钟。这里就是占地约 2 公顷的“日本园”。

迎面是一道峡谷，小溪流水潺潺，两岸绿树成荫。溪上架有一座小巧玲珑的朱红色木结构拱桥，峡谷对面是一幢东方式小房屋，人们进入了“小桥流水人家”的境界。跨过峡谷，沿小径拾级而上，才看清楚半山腰的这幢小房是木结构的日本式二层楼房。几个房间宽敞明亮，拉开大隔扇，室内地板上还铺着“榻榻米”。

走进植物园最东面的“沙漠园”，人们一下子宛如置身热带沙漠之中。“一望无际”的丘陵地带长满了仙人掌、仙人球以及其他各种热带肉质植物，琳琅满目，美不胜收。这个占地近5公顷的园地栽种的这类植物达2500种，既有引自非洲、澳大利亚和拉美的热带植物，也有引自西亚和欧洲的植物，还有本地特有的品种。它是世界上最大的沙漠植物园之一。

在这些千奇百怪的植物中，有一种在当地被称为“蒺藜王冠”的植物，原产于非洲马达加斯加，在长着许多巨大硬刺的茎的顶端，几片大绿叶托着一朵朵艳红的花。一种俗称“触毛树”的植物，在粗壮的茎上伸出许多细枝，上面挂着无数的很小的叶片，有似节日天空一簇簇散开的礼花。还有一种仙人掌类的植物，相当于胳膊粗的长满毛刺的肉质茎在地上匍匐，像一只只绿色的大毛毛虫。

植物园里还有一片开黑花的植物，这些植物的黑花具有一种与众不同的姝丽。它们植株不高，没有一片绿叶，肉质的茎上托着四五朵直径5～10厘米的花，每朵花长有几十个黑里透紫的花瓣。这些植物叫做“黑莲掌”。那些黑花其实并不是花，形似花瓣的东西不过是它的叶子而已。这是原生于非洲北部的植物。

园内还设有一个图书馆和一个艺术馆。图书馆藏书达60万册，还有几百份手稿、照片等。艺术馆主要收藏品是18～19世纪的欧洲艺术作品，也有少量文艺复兴时期的艺术品。

阿诺德树木园

徐 仁

阿诺德树木园位于美国东北部的科学文化城——波士顿西南郊，是1872年用当地一位富商阿诺德的遗赠而建立起来的，现在属于哈佛大学的一个植物学和园艺学机构。

植物园占地面积107公顷，以引种栽培乔木和灌木为主，数量已超过6000余种（包括品种），并收藏有植物腊叶标本130万份。

这座植物园尽量保持了植物原生地的自然风貌和天然特征。园内道路曲折，地形起伏，溪流贯穿，野趣甚浓。因此，人们说："每当劳累几天，驰离高速公路来到树木园，紧张的神经会立即松弛下来。"

春天是树木园最美好的季节。从4月中旬至6月中旬，丁香、连翘、玉兰、海棠、杜鹃、蔷薇、四照花等相继开放。这里最著名的是丁香区。园内共收集了500多个品种的丁香，是树木园的传统植物，有许多品种建园前就生长在这里了。树术园始终很重视丁香的引种搜集和杂交育种，因此这里汇集了世界上名贵的丁香品种。每当5月份丁香花盛开时，都要举办一次周末丁香游园会，还配合有新英格兰民间舞蹈的表演。成千上万的游人，在丁香丛中。流连忘返，尽情地欣赏众多品种丁香的色彩和芳香。

还有适应新英格兰地区环境的木兰科植物，花期早，花繁朵大，有香气，很受人欢迎，也安排在入口处的主要风景点上。木兰区收集了

60 多种木兰科植物，也是春天园内最吸引人的地方。冰雪未消，绿色如茵的草地上，水仙、番红花、雪莲花等球根花卉，就已破土而出，争奇斗艳。随后一株株、一丛丛的玉兰树便陆续开放，白的、粉的、紫的，成片成带，宛如云霞。一年一度的植树节，就是于玉兰盛开时，在这里举行的。

距松柏区不远的彼得山，栽有更多的蔷薇科植物，如桃、李、山楂、樱花和海棠。最多的是海棠，共有 250 多个品种，春到繁花似锦，秋来硕果满枝，百看不够。

离开游人中心前行，路的一侧是连香树、槭树、黄柏、七叶树等高大的乔木；路的另一侧则为落叶杜鹃组成的花境。其后，是世界上槭树种类收集最全的区域，共有 157 个品种。有美国槭，也有中国槭。金秋来临，最美丽的要数叶色紫红的日本鸡爪槭，枝叶稠密，红得就像燃烧的火球。日本茶道活动，常在这些槭树下举行。

顺山路而上，便可到伯泽山顶。这里种植的植物，主要向人们展示那些引进的比较突出的园林植物。阿诺德植物园的创办人萨金特，以及其后为该园工作的专家杰克、威尔逊、迈伊尔和帕东等人，都曾多次到中国采集植物。这里就种植有 1908 种从中国引进的珙垌（即鸽子树）、蝟实和豆梨，以及从喜马拉雅高山区引入的抗寒类型的雪松等。

阿诺德树木园从中国引进的植物，表现出很强的适应性，其中有些还是园林植物中的珍品，因此受到重视和欢迎。现在，美国历史较长的东北部地区普遍栽培和构成园林景观的主要树种，如玉兰、珙垌、蝟实、连翘、杜鹃、海棠、槭树等，都是从中国引种的。因此，那里的人们常说，没有中国的植物，就没有新英格兰的园林美景。

茂物植物园

李辉英

这是世界最大的热带植物园，这里以兰科植物著称于世。园内有一种只生长于印尼的“巨兰”——“兰花皇后”（即甘蔗兰），茎高可达5米，开花多达100多朵，香气浓郁。

茂物植物园是世界最大的热带植物园，建于1817年，位于印度尼西亚茂物市区。芝利翁河蜿蜒于园内，流往雅加达。植物园入口两旁各有一尊象头神雕像，它是印度教所信奉的“智慧之神”，表示园内许多问题，需要用智慧去探索。

茂物植物园占地82公顷，包括池沼、庭园、小丘等。植物园划分为莲花池、棕榈属、蔓生植物、竹林、藤类、兰科、仙人掌科、羊齿类等种植区以及植物研究化验所等10个区。

植物园内古树参天，绿荫蔽日，奇花异草，种类繁多，色香兼美。园内栽植的13000多种热带植物，每棵都挂设一小牌，写有拉丁名称和当地名称、产地等，其中包括400多种棕榈，共5万多株。全国有50多万种植物标本，是世界规模最大的标本馆之一。

园内栽培的兰花有500～600种之多，达6000多株，其中著名的巨兰“兰花皇后”，其花朵直径达15厘米，花色黄中带淡青，有棕色斑点，香气浓郁，只产在印度尼西亚。但也有一种“尸骸花”，每3年开一次花，花有一人来高，形状丑陋，因傍晚会发出一股尸臭而得名，这种花最早出现在印度尼西亚。

板根植物的根露在地面上，像一块木板。白橄榄树上蔓生着许多寄生植物。莲花池中的王莲，原产南美亚马孙河，叶子直径有的可达 2.5 米，可负重 40～70 千克。

植物园内有许多温室，种植 3000 多种胡姬花以及各种仙人掌。园内还立有曾在此工作 36 年的前园长德斯曼的纪念碑。园中的植物研究化验所，又称特鲁柏化验所，建于 1884 年，闻名世界，可供世界各地热带植物学家到此研究。化验所的大理石碑上刻有近 200 名世界植物学家的姓名，还有化验所创始人特鲁柏的雕像。植物园内还建有“农业与生物学中央图书馆”。

1862 年，又在茂物南边海拔 1350 米的芝保达斯建立植物园分园，种植亚热带植物，占地约 80 公顷。此外，棉兰西坡冷吉植物园也是茂物植物园的下属机构。

加纳植物园

焦震衡

加纳首都阿克拉以北 40 千米处，有一个历史悠久、风景如画的植物园。它位于高山之上，面积约 65 公顷。从山麓到山顶，有一条盘旋曲折的柏油路，汽车可循此而上。

植物园内，万木争春，百花竞艳。许多合抱的大树，盘根错节，枝叶繁茂。树身藤蔓缠绕，婀娜多姿。园内香花异草，遍地皆是。山的周围，到处郁郁葱葱，云烟缭绕。人们进入此境，顿感眼界开阔，胸怀舒畅。到过非洲热带森林地区的人们，都为那里的大自然风光所陶醉。而这个植物园经过园丁们的多年辛勤培植和精心安排，景色更加绚丽多娇。

可是，在加纳独立以前，这个植物园是英国总督的别墅，老百姓只能望园兴叹。独立后，加纳政府把它辟为公园，供人游览。并集中了 300 多名专门人员在这里研究植物的特征和生长的特性，为改造自然，发展林牧业和培植草药提供条件。

这个植物园是 1890 年建立的，距今已有 100 多年历史。园内有引自世界各地的 300 多种树木，60 多种花草。

园内有专门用于研究的橡胶园、椰子林和棕林榈，有刚刚培植起来的适宜于加纳北部干旱地区生长的青草，也有专门用于绿化城市的软密似绵羊毛的草皮。

一棵绿荫如盖的大树，枝叶密密层层，产于加纳本地，当地人叫它“发奶树”。此树的枝叶饱含汁水，产妇煮水饮后，可使乳汁增加。

还有一种树，叫“旅行树”，来自印度洋上的岛国——马达加斯加。此树叶呈扇形，树的枝杆内含水颇多，显得嫩而挺直。在缺水地区旅行时，人们常常带着这种树的枝干，以便需要时吸其汁水解渴。

许多树有医药价值，其中有的可用于治疗肠胃病，有的能用于预防和医治疟疾。更引人注目的是一种叫“神秘果”的树。树上结着一串串鲜红细果，犹似樱桃，其味甚甜。此果可供糖尿病人食用。

在园内，还有正在茁壮成长的苍松翠柏。说明牌上写着：“原产中国”。

庐山植物园

汪国权

这是中国在庐山风景区建立较早的一座植物园，240 多种松柏类树木，是该园的精华所在。

庐山植物园在长江中游避暑胜地庐山之巅，海拔在 1100～1200 米之间，夏季凉爽，雨量充沛，地形变化多样，原有植物种类丰富，是研究亚热带山地植物及森林植物的良好场所。该园始建于 1934 年，是中国历史较久的植物园之一，面积约 93 公顷。

该园已建成的有下列各区：

1. 树木园　以阔叶树为主，重点搜集庐山附近山区的树种，有常绿，有落叶，分科种植已有 300 余种。

2. 松柏区　多年来精心搜集的松柏类植物已有 240 多种，是该园的精华所在。有些已经蔚然成林，如柳杉、落叶松、雪松，十分壮观。日本金松是举世闻名的观赏乔木，在这里已经安家落户。

3. 岩石植物园　高山植物中常种在岩石园中者如龙胆属、报春花屑、石竹属，已被该园多年来搜集在岩石园中，在崎岖小路中佐以山石，形成一派高山植物景观。

4. 草花园　面对含鄱口的一块平地上，分区种植各种草木花卉，有球根类、宿根类及一二年生草花，并铺设草坪，色彩十分瑰丽。

5. 温室区　包括一部分冷室，专门培养热带、亚热带及耐阴耐旱植物。

6. 药用植物区　已搜集药用植物 700 余种，其中有一种止血药颇有价值。

7. 茶园　庐山以云雾茶闻名，早年在这里试栽成功后，销路日广，已经供不应求，正在扩建之中。

此外还有大面积的自然保护区，在原有的天然植被中又植造了不少人工林木。

庐山植物园是在自然山水之间建园的，加上多年经营的结果，树木翳翳，浓荫郁郁，自然景观是中国植物园之冠。前去庐山避暑的人无不在这里流连。

伦敦动物园

谭邦杰

伦敦摄政公园内的这座世界上最老的动物园。由于市内场地限制，20世纪30年代又在郊外兴建了世界上第一座开放式的惠布斯奈动物公园。

在当代世界众多的动物园中，伦敦动物园可算是牌子最老的一个了。早在1826年4月，英国的一些科学家就组织成立了伦敦动物学会。成立后的第一个决议就是筹建动物园，只经过两年的筹建工作，一所小动物园就于1828年4月在摄政公园的一隅之地宣告成立，并向公众开放。从那时算起，伦敦动物园已有100多年的历史。这个动物园只占地2公顷，内容自然是简陋的。但是从历史发展的眼光来看，早在1830年它就能展出178种兽类和195种鸟类，也可以说很不简单了。

动物园开放伊始就受到广大群众的欢迎，因此伦敦市政当局在1831年和1834年又各划出4公顷的公园绿地给它扩建。但是地处市内的动物园始终不可能发展成为世界上最先进的单位。动物园还附设两所研究所，专供研究动物的疾病、生理、生化、繁殖、营养等各种问题。教育机构则每年接待6万多名中小学生来参观、听讲和实习。

为了弥补市区动物园面积狭小的不足，伦敦动物学会在离伦敦大约50千米之处选择了一块地方，面积达263公顷，1928年开工，1931年建成了世界上第一所开放式的动物园，取名为惠布斯奈动物公园，作为伦敦动物园的姊妹园。绝大部分动物在这里都是常年露天散放于宽广的兽圈内，结果证明这种饲养方式不仅有益于动物健康，亦有利于繁殖，更适合游人参观。园内养有成群的鹿、白犀、野马、麝牛、野牛、斑马、长颈鹿等珍稀动物。观众可以乘小火车绕行园内参观。有许多种动物，包括中国产的河麂、黄麂以及北美的场拨鼠、野火鸡，印度的孔雀、原鸡，非洲的珍珠鸡，澳洲的袋鼠，南美的鹿豚鼠等等，在园内自由散放，可以接近游人。全园兽类80%可以繁殖，包括素难繁殖的白犀、猎豹、麝牛等动物。智利火烈鸟、桃色火烈鸟和王企鹅也能繁殖。1984年，共有动物169种、2350只。每年游人有三四十万。这里养的麋鹿曾在1956年和1973年两次赠给北京动物园共4对，所繁殖的后代又转赠给中国其他动物园。1956年由专人送来中国的两对麋鹿，是这种著名的中国特产动物从中国境内消失半个世纪后重新首次在中国露面，因此很有纪念价值。

纽约动物园

李　元

这座“世界上最伟大的动物园”，不仅常常最先展出世上的珍稀动物，如鸭嘴兽、树袋熊、大猩猩等；而且挽救了若干濒危动物免于绝灭，如美洲野牛、南美神鹰等，近些年又与中国合作，挽救大熊猫。

纽约动物园在美国乃至全世界的动物园中，理所当然地位居前列。它牌子老（创建于1899年），面积大（106公顷），建筑和园景优美，动物种类多数量大。1984年，它有动物691种，3949只，这个数字已大大少于20世纪50年代。当时有1160种，七八千只以上。减少的原因除由于取消许多小型的常见种外，还因为水族馆迁出去独立经营了。据1984年的统计，这家纽约市水族馆共有动物298种，22507只（包括无脊椎动物20293只）。纽约动物园自称是“世界上最伟大的动物园”。

各国动物园在动物展览方面有着强烈的竞争性，特别是以争先展出从未展过的种类引以自豪。纽约动物园常爱标榜的一点，就是有相当多的珍稀动物在世界上（或至少在北美洲）的首次展出就是在自己这里。例如鸭嘴兽、树袋熊（考拉）、科摩多龙（巨蜥）、霍加披、紫羚羊、倭象、倭河马、麝牛、吸血蝠、野马、大猩猩、极乐鸟、裸颈伞鸟、猩红岩伞鸟、凤尾绿咬鹃之类，都是典型的例子。尤其是鸭嘴兽和树袋熊，人们都认为是在原产地以外不能养活的动物。除此之外，纽约动物园在灵长类、鹿类、羚羊类以及蜂鸟、极乐鸟、巨嘴鸟等种类收集之丰富，也是其他动物园难以比拟的。该园曾多次派出动物收集队，到东非、西非、中美、南美、东南亚、新几内亚等人迹罕至的偏僻之处去收集珍稀动物，特别是前所未见的动物。纽约动物园 1938 年 6 月就展出了大熊猫，虽然迟于芝加哥动物园 1 年 4 个月，但展出的只数和次数却多于其他动物园。

珍稀的动物必须有优美的展出方式。纽约动物园在 20 世纪 30 年代为大熊猫布置的带空调的熊猫馆，即使在 20 世纪 80 年代也是高标准的。同样，他们为鸭嘴兽设置的特殊的圈舍，既照顾到这种动物的隐秘本性，又能适当满足观众的观赏愿望。他们又为极乐鸟、蜂鸟等极美丽的小鸟设计了极精致的展室，号称“珍宝室”。在户外，他们于 1940 年开辟了一处有 1.6 公顷的户外展区。把四五十只非洲鸟兽混合展览在一起，号称“非洲原野”。其中有羚羊、斑马、野猪和水禽。还有一小群狮子，虽然不是在同一圈内，但利用巧妙的手法掩饰了隔开的壕沟，所以观众仍误以为都是放在一起的。到了 20 世纪 80 年代初，纽约动物园又开辟一处有十几公顷的“亚洲山林”展区，仍是用隐蔽的方式分隔成 8 个小区，分别展出老虎、野牛、犀牛、亚洲象、野羊、羚羊、台湾梅花鹿等亚洲动物。每个小区都有 1～2 公顷不同风格、不同景观的布置。参观者可乘坐高架单轨电车，悄无声息地在整个展区的上方巡视一周，有如在印度和东南亚的自然保护区里乘车游览，边看边听讲解员解说。

现代动物园的任务，除了展览动物之外，还保护濒危动物和繁殖稀有动物。在这方面，纽约动物园是走在前列的。早在 80 多年前，原纽约动物园主任郝奈代博士就曾发起组织“美洲野牛保护协会”，请美国总统担任名誉会长。美洲野牛在 200 多年前原有数千万头，到 1900 年时竟被屠杀得只乘下 300 头！经保护协会的大力挽救，不仅保护了残余的野生群，而且繁殖顺利，使其数量在 10 年内增长 27 倍。1930 年协会解散时，野牛的绝灭危机已成过去。到了 20 世纪 80 年代，纽约动物

园又以挽救濒于灭绝的南美神鹰而闻名。该园精心哺育新孵出的神鹰幼雏，用人工制成的假神鹰为“乳母”，使幼雏能逐渐独立生活．适应野外环境，然后将它们带到4800多千米外的秘鲁安第斯山区，放回崇山峻岭之间，使这个濒危种类陆续增添一些后备力量。

为了增加濒危种类的繁殖数量和解决某些多年不能繁殖的难题，纽约动物园在佐治亚洲海外的圣凯瑟林小岛上。建立了一处濒危鸟兽繁殖基地。

纽约动物园还设有一个“国际野生动物保护处”，曾多次派人到非洲、中南美、南亚等地从事野生动物的保护工作，处长夏勒博士曾经在中国四川卧龙保护区和唐家河子保护区为调查研究大熊猫的生态，与中国科学工作者共事数年。这几年他又连续在青海和新疆同中国专家一起调查研究雪豹及西北高原上的其他珍稀动物。

北京动物园

谭邦杰

北京动物园从最初创建的1906年算起，已有近百年的历史。它是以皇家动物园的性质创建的，但两年后便向社会开放，成为中国第一家动物园。

开始叫“万牲园”，附属在“农事试验场”。这个农事试验场在性质上其实是一个综合性的公园，不仅有果园、苗圃、菜园、棉田、稻田等，也有动物园、植物园、气象台，更有许多供文人墨客吟诗赏景的胜景。这是清政府载泽、端方等五大臣出使西欧，考察新政，特别是端方对于欧洲的动物园大感兴趣，因此带回来的一项新事物。

旧万牲园可说是德国汉堡海京伯动物园的翻版。不但它的兽亭兽舍是海京伯式的，甚至海京伯动物园中的某些景物，也一一照搬。原来它是在海京伯派来的专家设计监工之下建立起来的。开办时的第一批动物，也都是由汉堡上船运来的。途中走了3个月才运到北京。据说慈禧和光绪等，曾来观赏过一次。专为慈禧休憩而修建的西洋式的“畅观楼”，她也仅进去歇过一回。

最初的动物园面积很小，仅占农事试验场的东南一隅之地，大约有2.5公顷。动物园开办后，端方、徐世昌等曾函请全国各省督抚，收集珍禽异兽以支援动物园。

中华人民共和国成立后，由1951年起，动物园开始派人到动物产

区收集动物，与各友好国家交换动物，数十年前的破烂旧房大都拆掉，同时修建起许多新馆舍。几年时间就呈现出崭新面貌，并于1955年起正式改名为北京动物园。

作为新中国首都的动物园，北京动物园有幸多次得到展览外国领导人赠送给中国的珍贵礼品动物的机会。比如前越南主席胡志明、前缅甸总统吴奈温、前印度总理尼赫鲁和斯里兰卡前总理班达拉奈克夫人等赠送的亚洲象，尼泊尔国王赠送的大独角犀，埃塞俄比亚皇帝赠送的狮子，墨西哥总统赠送的海牛，西班牙国王赠送的大猩猩，美国总统尼克松赠送的麝牛等，都受到了广大游人的欢迎。

通过国际间的友好交换和长期在东非收集，北京动物园也得到了大量的珍稀外国动物，其中一大部分是国内前所未有的。比如非洲象、黑犀、白犀、河马、马来貘、中美貘、野马、欧洲野牛、美洲野牛、长颈鹿、斑马、长角羚、日本鬣羚、猩猩、黑猩猩、山魈、白熊、猎豹、黑豹、朝鲜豹、美洲狮、美洲虎、海狮、海狗、大袋鼠、鸵鸟、食火鸡、火烈鸟、黑天鹅、黑颈天鹅、朱鹮、湾鳄、水蟒、象龟、避役（变色龙）等，至今还有一部分是国内动物园仅见的种类。

至于本国产的珍稀动物，北京动物园也多次创造过世界首次展出的纪录。如1953年展出白头叶猴，1955年展出花斑金猫，1956年展出金丝猴和金毛扭角羚，1959年展出野骆驼和野牦牛，1960年展出白唇鹿，1974年展出荒漠猫，这些都是国内外头一次，已被记录在册。除金丝猴和白唇鹿外，其他几种至今国外尚未见过，因此时常有国外动物专家学者前来光顾，看看真相。

论动物总数，北京动物园在世界上可居十名以内。论质量，则被国际上视为中国有代表性的动物园。

北京动物园原有面积将近56公顷，又新增地20多公顷，已陆续增建了爬虫馆、雉鸡馆、猩猩馆和海洋馆；还拟在此处再建广阔的野牛圈、野马圈、野驴圈和野骆驼圈，届时那些世间稀有的中国特产动物，将会出现在充满自然风光的展区内。

北京动物园位于北京西直门外，交通路线四通八达。从地理位置和交通条件来看，世界各国动物园虽多，但极少有能与之相比拟的。

漫游海洋世界

李 元

海洋是生命的源泉。
海洋是生命的舞台。
海洋是地球的特征。
海洋是人类的财富。
海洋是开发的领域。
海洋自古拥抱人类，
让人类更拥抱海洋。

从资源、交通、食品、能源、环境等多方面去看，海洋和人类的关系非常密切。21世纪将是大力开发海洋的世纪。因此海洋科普引起人们极大的兴趣。

美国十分重视海洋科普，特别是游乐场式的海洋科普更是趣味生动引人入胜。以“海洋世界”（Sea World）命名的场所有很多，而且有一个设计精美的生动标记——海波上跃起的海豚或鲸，让人一望便知这就是海洋世界。其中以加洲南部圣迭戈市的海洋世界最大也最有名，可能它是全世界最大的“海洋世界”。我们是接近中午时到达的。停车场上的小汽车已经是让人有一望无边的感觉，千辆左右排列整齐，可见观众之多。

一进大门，“海洋世界”的导游图已经人手一张。几十处馆池，十几处景点让你眼花缭乱不知从何看起。有经验的观众提醒初来的人，先要注意各场所的表演场次和时间，做出全面的优选安排。有些是不限时间的，如“海洋动物走廊”（海族馆）、“淡水鱼类馆”（水族馆）、“红鹤园”、“海豚池”、“海狗岛”等随时可看，且不去管他。但精彩的海兽表演，一天只有两三场，都定时开演，如不提前到达，恐怕连座位都难得到。特别像海豚表演、海狮对话、虎头鲸集体花样戏水更是技艺非凡，世上少有，很多人都是为此而来。于是我们纷纷研究地图上各个表演热点的场次时间，定好参观次序。但这么大的“海洋世界”好比大都市中的一个行政区，该往何方，哪里是最短的路线，也一时拿不定主意。正踌躇间，很自然地来到一个高塔的门口（我想这一定是设计者的巧妙引导）。几十米的高塔上国旗迎风招展，本身就对观众有一种吸引的魅力。说它是塔还不如说是一根柱子，但中间套着一个能升降的滑动圆厅，可乘几十人。观众走进圆厅，旋转上升，直到塔顶，不但使你居高临下，一览无遗，而且处处美景令人心旷神怡。远处是太平洋的波涛滚滚，近处是鱼、鸟、兽的歌声阵阵。至于奇特的海兽池，坐满人的观赏台以及满布其间的花草树木、丛林花丛，更把这个海洋世界打扮得色彩缤纷，香气扑鼻。这哪里是海兽的场所？简直是人间仙境。这使我触景生情，不禁吟起昆明大观楼的长联：“五百里滇池奔来眼底……数千年往事注到心头……”更有“滕王阁序”中的绝唱：“落霞与孤鹜齐飞，秋水共长天一色。”对此良辰美景岂能空手而去，于是我抓紧时间抢拍了一些远近风光，后来印出照片果然效果甚佳。

海豚是最通人性的可爱的动物，海豚池就在路边，任人围观，少年儿童更喜欢在这里和海豚交朋友。花一美元便可有一袋专供喂动物的食品，其他食物是禁止的，这主要是为了保护动物的安全。常听说我们的一些动物园中的动物因观众乱投食物或物品而致死，经剖腹可以发现是吞食杂物而死亡。而在美国，人们用这种合法的食品去喂海豚，结果是观众得到欢乐，园方节约开支，一举两得，何乐而不为。喂食时那海豚

直立起来摇头晃脑，姿态优美可爱，一定要你喂了它才肯游去。有的小朋友由大人抱着甚至可以和它亲吻、贴脸表示友好。这是人和动物友谊的生动表现。海狗岛也一样热闹，海狗纷纷仰起头来，等待喂食，并且高声呼叫。

人们穿过海洋隧道时，仿佛是在儒勒·凡尔纳《海底两万里》中乘坐尼摩船长的鹦鹉螺号潜艇漫游海底世界。在你的两旁和头预只隔着一层玻璃和鱼儿们相望。当然人们最爱看的是色彩艳丽、形状奇特的热带鱼和海洋动物，但也有时会遇到凶猛的鲨鱼贴身而过。一边走一边看，真正是漫步海底。

另一个江湖隧道中展示的全是淡水鱼类。有一种长约两米的粗大的鱼，据说是生长在亚马孙河中的世界最大的淡水鱼。

有足球场大的海兽池满装碧蓝的海水，池子的对面就是观众台，一层一层围成弧形，足供千人观赏。坐在那里不禁使我联想起古罗马的斗兽场，也具有类似的场面，但内容可不大相同。当年是贵族们坐看猛兽残酷地撕碎囚徒和奴隶，并且把他们吞食掉，以此取乐。如今是接受教育的和大众的娱乐场所。其中有一些是专供残疾人的优惠座位，非残疾人坐了是被罚款的。每场表演约一个小时，内容编排得热烈而有趣。

节日主持人忽然变成主考人。电视屏幕上放映现场情况和有关画面，他向观众们提出有关海兽和海洋的问题，如鲸是鱼类吗？鲸是卵生还是胎生？鲸能游多快？鲸也睡觉吗？……请观众选择答案。又分为成人队和少年队，进行智力竞赛，所以场面非常活跃。这种做法是很值得倡导的。海兽表演的全过程中表演者和观众随时交谈，打成一片。驯兽师打扮成村姑或渔人的样子和海豹、海狮、海象谈笑风生，指挥自如，一边表演一边说笑话，有时引得人们哄堂大笑。最精彩的节目是虎鲸表演。这种满嘴利齿、性格凶猛的虎鲸在驯兽师的指挥下，表现得非常温顺有趣。它们一会儿把驯兽女郎高高抛起或顶立在嘴头上直立水面，一会儿快速游水或跃出水面，形态优美无比。但它们往往尾对观众猛打几下，海水就会溅湿“海边”观众的衣服，人们也满不在乎，反引以为乐。特别是一些青年人专门去迎接这些海浪而且兴奋异常。像这样的海兽池就有好几处，最主要的就是鲸和海豚的表演。海洋世界中有趣的事很多，它的主题就是通过科普与表演把海洋知识用生动有趣的方式普及给人们，寓教于乐。每逢夏季，安排的夜场更具魅力：高塔顶激光四射，兽池旁彩灯辉耀，天空中繁星灿烂，海水里鲸豚飞舞，观众欢呼雀跃。

海洋世界不但让观众赏鱼，而且可以把观众变成鱼儿游入海中欣赏龙宫美景。一种是穿上特制服装背上氧气筒，戴上面罩在珊瑚礁旁穿梭旅游；另一种是乘坐小型潜艇拥抱海洋，漫游奇境。

说到美国的海洋科普，没有人不知道古士托，他的全名是Jacques－Yves Cousteau（雅克伊夫·古士托）。他本是法国人，把全部心身投入海洋事业，进行探险、摄影，对海洋科学、海洋科普和海洋保护做了大量工作，有重大的贡献。

四、探险考察

大猩猩揭秘

张 锋

今天，在世界上许多国家的动物园，人们可以很方便地看到大猩猩。科学家对大猩猩也作了许多试验和研究，有的人甚至在家里养起了这种动物，常年和它生活在一起。可是300多年前，当西方人第一次在它的老家——非洲丛林里见到它时，却把它当作是类人的大怪物。

17世纪初，有一个叫巴特尔的西班牙士兵，跟随总督到非洲内地去旅行。在当时刚果王国的原始森林里，他住了半年多。后来巴特尔当了葡萄牙的俘虏，被流放在安哥拉，又在这块地方住了18年。根据他的多年观察，他说当地生活着一种貌似巨人的大怪物，遍体是毛，颜面如人，毛色深褐。常两足行走，夜间睡在树上。它们生性强悍，常成群来往，当地人称它为“印济纳”、“恩济埃纳”。

这些事，详细地记载在1614年西方出版的《珀切斯的巡游记》这本有趣的书里。此后，探险家闻讯竞相前往，想把这种“大怪物”弄个水落石出。可是200年过去了，却无多大进展。

1847年，一位叫萨维奇的学者到加蓬考察。有一天，他到住在那里的传教士威尔逊家作客，忽然见到摆在桌上的一个“怪物”的头骨，这是当地人送给威尔逊的。萨维奇对这头骨很感兴趣，他在解剖学家怀曼的帮助下，一项项地描述了它的特征。他特意采用古代航海者迦太基人在非洲某岛发现的长毛野人的名称——“戈列拉”，来称呼这种大型

猿类。这就是今天世界公认的大猩猩的学名。

但是，大猩猩一直被抹上了神秘的色彩，被描绘成吓人的“怪物”。100多年前，一个叫杜采鲁的考察家来到非洲丛林，亲眼目击了大猩猩疯狂地捶着胸，互相之间激烈地逞威、称雄的场面。于是人们就凭借他写下的片言只字和当地居民中的传说，并掺杂了自己的臆想，把大猩猩说成是“原始森林的恶魔”、“地狱的生灵”等。一些幻想故事和电影更是添油加醋，把大猩猩描绘成坏透了的角色。

在考察家中间，只有一个人是例外。他叫卡尔·阿克莱，是纽约美国自然历史博物馆的采集家和探险家。他在第一次到非洲的旅行中，为博物馆猎取了许多大象、犀牛、狮子、河马和斑马的标本。他曾徒手和猎物搏斗，将它置于死地。也险些被一只受了伤的野公牛踢死。在他第二次到达非洲时，在大猩猩的家乡猎取和射杀了五只大猩猩。他拍摄了近90米长的有关大猩猩行为的影片，这在当时的动物学界是破天荒的。对于大猩猩是否残暴，他的看法是：“一般来说大猩猩是温和而斯文的。我相信，它之所以向人发起攻击，那是由于它遭受了攻击，或可能将要被攻击。我还相信，它之所以参加搏斗只是由于自卫和保护自己的一家。除非它受到威胁或将要面临威胁，否则它不会投入搏斗。”

1926年，阿克莱和妻子一道来到非洲中部维龙加山区对大猩猩开展行为研究，可是当他俩向海拔3000米的米坎诺山进发时，阿克莱在半山腰就发烧了，最后勉强到达了预定的卡巴拉营地，却因病重不幸死去。这样，野生大猩猩的行为之谜，就等待着后继者去揭开了。

40年之后，接替阿克莱的未竟事业的是动物学家乔治·萨勒。他和妻子一道，1959年2月来到阿克莱到过的卡巴拉营地，对近200只大猩猩作了一年多的考察。

大猩猩的老家在赤道非洲森林里，主要有两个亚种。一种叫低地大猩猩，发现于西部非洲的刚果河盆地，包括喀麦隆、加蓬、尼日利亚南部；另一种叫山地大猩猩（大山猩），发现于扎伊尔东部和乌干达西部的山地内（海拔为 2300～3500 米），萨勒夫妇研究的正是这种山地大猩猩。

大猩猩在灵长类之中，就个子和体重来讲，可以称得上是“老大哥”。它直立时身高为 125～175 厘米，雄的体重可达 140～270 千克，人工饲养条件下的大猩猩最重的曾达到 304 千克。有宽阔的胸脯，异常发达的肌肉和惊人的膂力，所以一般胆小的人不敢轻易接近它们。

萨勒和以前的考察者不同，他是采取自己在野外单独活动，悄悄地接近大猩猩的方法。他常常攀登到海拔 3500 米的地点，一天步行二三十千米，有时在荒凉的山谷里露宿，目的是要多和这种动物接触。用这种方法，萨勒对大猩猩的行为和社会结构等，都有不少新的发现。

萨勒通过观察，发现大猩猩往往组成一个紧密联系的群体。它们常以 5～15 只结队而行，也见过 40 只在一起的。一个时期里，成年大猩猩可以几年呆在一起。和黑猩猩一样，一群之中也有一只自然形成的“猿王”。仅仅个子大，力气壮，还不能保证一只成年雄性大猩猩占据首领的宝座，它还需要有超凡的智力、和对手较量的勇气以及争当首领的那股趾高气扬的劲头。日常的采食、外出的路线等都由它作主。这首领“银背”（是指大猩猩到了成年，背上长出一撮银灰色的毛，称为“银背”），是猿群之中无可争辩的首领。每一群大猩猩，至少有一只成年雌性，一至三只将成年的雄性，多只雌性，和数目不等的幼仔。

那么，杜采鲁所见到的大猩猩捶胸那一套动作是怎么回事呢?

原来，据萨勒的观察，当成年雄性遇到强手或者人时，就会做出一连串的逞威性动作，以显示自己的威风和力量。这时，它先断续地叫几声作为开场，然后摘下几片叶子放进嘴里，像是要竭力使自己镇静。它跳了起来，拽起一把树枝抛向空中。一会儿。它全身挺立，用双手交替地捶击自己的胸部，同时一只脚在空中甩着。或者呼哧呼哧地向前疾驰，与对方擦身而过。对方也相应地做出类似的反应。

大猩猩这一连串的动作大约持续半个小时。尽管如此，两个对手却

只是相互施加威胁，而没有动对方一根毫毛。然而即使是胆大的猎手，往往也被这种场面吓住，于是便添枝加叶地去讲述自己所经历的种种“险境”。关于残暴的怪物的传说，就是这样编造出来的。

萨勒的考察证实了大猩猩是生性温和的动物，但是他从没有和它们密切挨近过，对于大猩猩社会中的许多谜，比如：大猩猩的“语言”是怎样的？它们吃些什么食物？它们是怎样繁殖后代的？在大猩猩中间有没有自相残杀的行为等，都存在着疑问。而解开这些谜的责任，就落到了一位叫黛安·福西的美国女医生的肩上。

福西是一位加利福尼亚州的专职医生，她对非洲的野生动物爱得入迷。她读过许多考察家对非洲野生动物考察所写的文章，其中包括英国女科学家古多尔考察黑猩猩的故事。1967 年，她在著名人类学家路·利基教授的推荐下独自来到维龙加山区，继续完成对山地大猩猩的考察。经过她耐心的等待和创造性的工作，终于第一个打进了一向令人畏惧的野生大猩猩社会的内部，掌握了大量第一手资料。在 1970 年和 1971 年陆续发表了《和大山猩交朋友》、《和大山猩相处的日子里》等文章，报道了她的考察成果。

1967 年 2 月，一个雾气朦胧的早晨，一长列非洲居民头顶着考察装备，向海拔 3000 多米的维龙加山区的高山营地进发。这里地处卢旺达、乌干达和扎伊尔的交界，在这片人迹稀少的茂密丛林中，生活着一批大山猩。走在他们中间的，就是只身闯入大猩猩王国的黛安·福西。

福西知道，要了解到大猩猩社会更多的内幕，最好的办法是深入“猿穴”，只有像大猩猩一样地行动，像它们一样地“说话”，才能取得它们的信任。过去有关这方面的教科书都再三强调：考察者必须“静静地坐在一边观察”。但是福西认为，这样只有增加大猩猩的怀疑。她决心用一种新的方式去考察，有意地挑逗起大猩猩的注意，以便了解到它们行为方面的更多的东西。

在考察初期，恰好有两只年幼的大猩猩——柯柯和普克被捉后正准备送到欧洲某动物园去，可是因缺乏照料而瘦弱不堪。福西为它们调食，配药，朝夕生活在一起，终于建立了感情。她带它们到草地上去散步，玩耍，同时福西学会了它们的发音。

送走了柯柯和普克，福西来到丛林考察大猩猩。起初大猩猩见到人就尖叫着跑了，可是福西努力模仿着它们的动作——有节奏地捶击自己的胸部，或者抓起一把野芹菜仔细地品尝着；这样，慢慢地消除了彼此间的隔阂。有一次，一只叫拉菲基的大猩猩首领走来，福西起初发出柯柯那种“诺姆——诺姆”的低音，接着发出普克那种高音，意思是说：“这里有吃的，快来啊!”这一喊，果然把拉菲基吸引住了，它向福西走近，它的神情像是在说：“伙计，现在我来了，你该不会骗我吧!”

有时，福西上树考察，有几只年轻的大猩猩爬上树来找她，它们摆弄福西的相机，察看她的靴子和衣服。1970 年的一天，在她考察 3 年以后，一只叫皮纳茨的大猩猩终于握住了福西伸出的手。这是对她的第一次公开的承认，在对野生大猩猩的考察史上也是破天荒的。

到了 1971 年，福西在野外已经考察了 3000 个小时。自然这也是充满失败和挫折的过程。有好几次，大猩猩当着她的面捶胸顿足，向她表示威胁和恐吓，有时，小家伙摔倒在地，成年的大猩猩就不问情由地向她扑来，以为是她捣的鬼。福西自然知道大猩猩的厉害——凭着它们的利牙，要咬掉人的整个胳膊都是不费力的。可是因为她用自己的动作和发音，赢得了大猩猩的信任，所以使她交上了不少朋友。在对营地附近 9 群大猩猩的考察中，使她了解到它们吃哪些食物，它们的行动方式和怎么分布的，各个猿群的成员是怎样转移的等等。她在 4 年中观察到大猩猩对人的侵略行为，只有几分钟，而且实际上是虚张声势，吓唬一下对方而已。

直至 1985 年底，福西还在维龙加区对大猩猩继续进行着考察，并且不断取得新的成果。福西在考察野生类人猿方面，已经成为和珍妮·古多尔齐名的灵长类学家。她的工作，对于改进大猩猩的饲养，拯救这种将要绝灭的动物以及帮助了解人类自身，都有很重要的意义。

附：血洒雨林为大猿

——悼念黛安·福西

从卢旺达传来噩耗：1986年元旦前几天，美国灵长类学家黛安·福西在其高山营地遇害。

我为死去的雨林女杰默哀，我向这位不朽的先驱致敬。

案头放着的她的考察专著和亲笔来信，似乎都在说她没有逝去。此刻她仿佛正从书中站起，亲昵地搂着她心爱的大猩猩微笑着向我们走来。在给我的信中，洋溢着作为考察高山大猩猩先驱的自豪心情，她说："我将奔赴另一个新的考察点，以继续完成拯救大猩猩的使命。"可如今，偷猎者却用砍刀结束这位53岁的女考察家的生命！

像福西这样坚韧的女性，极为少见。1967年出征前夕，为表明决心，她毅然主动割除了阑尾，以免日后患此病不便就医。奔赴高山雨林营地后，不论是阴冷多雾的气候和高山病的折磨，或是大猩猩的围攻和军方的软禁，都不曾使她退缩。为了拯救濒危物种，她舍弃了叫人称羡的医生职业，舍弃了一切，默默地在偏远的非洲雨林里忍受着，奋斗着。

18年来，在上万个小时的野外考察中，福西通过模仿，激起猿类好奇并向自己靠近，她用这个独特的方法和成百个大猩猩周旋，尝遍了它们采食的300种食物。像哥伦布发现新大陆一样，她在大猩猩王国里发现了一个新的世界，掌握了它们内部通行的语言，揭示其群体转移、同类残杀等神秘内幕，最后证明，这种传说中嗜杀成性的怪物原是生性温驯的生灵。

为考察大猩猩献身的，福西并非第一个。1926年美国探险家阿克莱因突感风寒，在登上高山营地后死去。然而今天，文明时代发明的利器竟然落到了这位为人类拼命工作着的女科学家头上。这是何等的可悲啊！

对于今天的结局，福西想必早有预感。她说过："我感到呆在大猩猩身边，要比在人身边更为安全。"为了保护大猩猩，她和助手将偷猎者设置的数千个陷阱一一拆除，没收其捕猎器械，将违法者交当局严惩。这自然招来了嫉恨，一名助手因此遇刺，福西也险些被击中，当地官员多次劝她要顾全性命。按理说，福西已功成名就，不妨激流勇退，可是她面对死亡的威胁，依然继续献身科学。她的死再次应验了1980年遇害的亚当森（奥地利科学家、世界著名的动物文学作家）的名言："最可怕的不是动物，而是人。"

如今，福西已安葬于大猩猩公墓，长眠在与她生死相依的猿朋友中间。反对者的咒骂和暴虐，在后人看来正是对死者最好的赞美诗，恰恰反衬出这位伟大女性的纯洁和高尚。

（选自1986年2月26日《北京晚报》）

南极留致英国公众书

[英] 斯科特[①]

此次灾难的原因并不在于组织工作不当，而在于一切必须担当的冒险事业都可能遭遇到的厄运。

①由于 1911 年 3 月间丧失马匹运输力量，使我不得不推迟预定的出发日期，并将最低限度的运输物资数量又加以缩减。

②在整个行进过程中，我们受到了气候的阻滞，尤其是南纬 83 度旷日持久的大风。

③冰川下游的雪也降低了行进速度。

我们顽强地同这些不利条件搏斗，战胜了困难，但是大大消耗了粮食储备量。

有关粮食补给、被服以及各处贮藏库（挖在冰川内壁、分布在到南极往返 700 千米的漫长路程中）的各个细节都计算得十分周密。先遣队原本可以平安返回冰川，而且粮食还会有富余。但是令人万分惊讶的是，全体公认为体格最壮的埃文斯竟中途出乎意料地病倒了。

在天气好的情况下，比尔德摩冰川并不难通过，但在我们的归途中，却没有碰上一次是整天的好天气。这一点，再搭上一个卧病的伙伴，就大大增加了我们的忧虑。

我在别处提到过，我们曾穿过一个极为崎岖的冰区，爱德加·埃文斯的脑子在这儿受到了震荡。他就此一病不起，撇下了我们这个大大削弱了信心的队伍。气候又反常，寒冷季节提前来到了。

可是，上述所言跟在前面大冰障[②]处等待我们的惊人意外事件相比，简直是小巫见大巫。我依旧认为我们归途的准备工作是做得十分充分的，至于在一年的这个季节遇到这种气候和道路情况。则恐怕是世界上任何人都无法预料到的。在南纬85～86度的高峰上，气温是－20～－30℃。而在南纬82度、高度低3000多米的大冰障处，白天气温经常低到－30℃，夜闻低到－47℃，并且在白天行进时不断有顶头风。显而易见，这种逆境的出现是突如其来的，而我们的无妄之灾毫无疑问是这种突如其来的严峻气候造成的（这种气候的出现似乎找不到任何令人满意的原因）。我不相信世界上曾有人经历过我们所经历的这一个月时光。尽管气候如此恶劣，我们本来还是可以脱险的。可是我们第二个伙伴奥茨上尉不幸又病倒了。加以沿途各储藏库的燃料有所短缺（我至今还弄不清楚是什么原因），最后一个原因是，离我们期望得到最后一次补给的那个储藏库还有18千米处，我们又遇到一场暴风雪。

世界上绝对不会再有比我们遭到的最后这个打击更不幸的遭遇了。我们来到离我们所熟悉的“一吨营”只有18千米路的地方时，剩下的只有煮最后一顿饭的燃料和两天的粮食。

4天来我们无法离开帐篷——狂风在我们四周怒吼。我们身体虚弱，写字很困难。但就我个人来说，我对这次探险毫无悔意，因为它显示出英国人能吃苦耐劳、互相帮助，并一如既往，能以坚韧不拔的伟大毅力去面对死亡的精神。我们明明知道有风险，但还是顶着风险干。是情况发生了逆转，因此我们没有理由怨天尤人，只有顺从天命；但还是决心尽力而为，至死方休。然而，既然我们是为了祖国的光荣而自愿献身于这项事业，我在这里向我们的同胞们呼吁，要求大家对我们的遗孤加以适当照拂。

如果我们能够活下来，我本来想把我的伙伴们坚韧不拔、勇往直前的事迹讲给大家听，它一定会深深打动每一个英国人的心。如今不得不

让这些潦草的札记和我们的尸体来讲这些事迹了。但是，毫无疑问，像我们这样一个伟大而富有的国家是一定会对我们的遗孤给予适当照拂的，一定会的。

斯科特　南极

（黄继忠　译）

①斯科特（1868－1912），英国南极探险家。他率领的英国探险队比挪威阿蒙森率领的探险队晚一个月到达南极极点，以后全部牺牲在返回营地的途中。七个月后，当南极春天到来时，人们才在帐篷里发现了他和同伴冻僵的尸体和这封遗书。

②大冰障，南极洲伸入海洋的冰层。

麦哲伦海滩上的双面碑

流沙河

书桌抽屉深处，翻出一枚海贝，是 1987 年 1 月游麦哲伦海滩拾得的。这枚海贝形色皆差，不美也不值钱，深藏之只为了纪念伟大的航海家麦哲伦。是他，葡萄牙人斐迪南·麦哲伦，十六世纪西班牙派遣的一位船长，在人类的航海史上，扬帆首次环航地球一圈，从而证实了大地是圆球，此后才有地球一词（The Globe），拓宽人类眼界，功莫大焉。不过，一圈之说欠妥。准确说，麦哲伦他本人只转了地球大半圈，中途登陆菲律宾的马克坦岛，不幸死于土人蛮刀之下。多亏他麾下的船员们继续扬帆，穿越南太平洋，西渡印度洋，绕南非好望角而北上，返回西班牙，才完成他未竟之业。他死难所在的那段海滩就在马克坦岛，后人凭吊，叫做麦哲伦海滩。考证起来，马克坦（Mactan）其实是麦哲伦（Magellan）的读音讹误。马克坦岛就是麦哲伦岛。

这个小岛，今有路桥连接菲律宾的第二大城市宿务，遂成半岛。我随菲国作家从宿务乘小车去岛上，竟无渡海登岛之感。车到终点，下来一看，我好迷惑。眼前一尊铜像，矗立高台，举盾提刀，昂头猛进。这半裸的勇士难道是麦哲伦？观其面目，蟹脸高颧，鼻不凸梁，眼不凹窝，肤色深棕油亮，哪里像“红毛国”的船长，明明是菲律宾土著的泰加罗人。“哦！对了，是他蛮刀一砍，杀了麦哲伦呀！”我这才憬悟了，觉得莫名其妙。原先说的是来凭吊麦哲伦遗踪的啊。

铜像一侧，有碑亭焉。入亭读碑，知道这位提刀勇士名叫拉浦拉浦，或译那不那不，乃土著酋长也。碑面黑石白字，书以英文，题曰：《拉浦拉浦》。我将碑文恭译如下，以飨读者：

时维公元1521年4月27日，拉浦拉浦率其丁众，于此击溃西班牙侵略者，殪其帅魁斐迪南·麦哲伦。菲律宾人抵抗欧洲人之入侵，拉浦拉浦乃首倡其义者，以此故也。

看见我崇拜的航海家麦哲伦被人家泐碑记罪，用洋话说便是“钉在耻辱柱上”，鄙人心头非常不是滋味，就像左脸挨了一掴。抬头又见亭壁有画，画的正是当年海滩之战横幅全景，近百人的两两拼刀，杀声可闻。双方战士水中乱砍，你死我活。战阵中心，仔细辨认，总算瞻仰到了英雄酋长拉浦拉浦同志，见他半裸，双手高举蛮刀，即将猛砍下去。在他刀下，一个全副戎装老贼，狗头豹眼，一瞥便知是大坏蛋。老贼此时手忙脚乱，进退两难，正欲抽刀出鞘。抽你妈个鸟刀，老贼，你这侵略头子，一刹那就要你狗头劈开花了！

天哟我的天，那老贼居然是麦哲伦！

能这样丑化吗？鄙人心头火冒三寸，蠢蠢想同不在场的菲国画家争辩，奈何另一个我悄悄提醒：“注意立场！”于是自我消防灭火，赶快与拉同志保持一致，免得又犯错误。

菲国作家笑笑说：“请看石碑背面。”

原来这是双面碑。碑阴也是黑石白字，同样书以英文，题曰《斐迪南·麦哲伦之死》。我将碑文恭译如下，以飨自己（这是站在反面看呀）：

时维公元1521年4月27日，斐迪南·麦哲伦与马克坦岛酋长拉浦拉浦麾下丁众交锋，身受重戕，殒于此焉。其后，麦哲伦之船队有维多利亚号一艘，胡安·塞巴斯蒂安·埃尔坎德率领之，是年5月1日航离宿务，翌年9月6日泊归巴拉米这之圣罗卡港，遂首次完成地球之环航。

这篇碑文《斐迪南·麦哲伦之死》比那篇碑文《拉浦拉浦》长些，文内不再说侵略了，而且写明首次环航地球，伟大意义不言自喻。一碑两文，菲国政府这样处理，既维护了国家体面，又尊重了历史公道，颇具匠心。当然．如果是西班牙政府为麦哲伦记功，碑文恐怕不会这样写吧。侵略一词（invade）不会用的，至多用殖民一词（colonize），正如日本教科书以“进入”偷换“入侵”。麦哲伦也不会被画成狗头豹眼，肯定画成光辉形象，而且是“被土人杀害”的。至于拉浦拉浦，那不那不，算个什么，那不必写。历史小姑娘嘛，怎样打扮她都不闹。

读此双面碑，且去看海滩。时值午潮，但见白波一线，一线踵跟一线，迎面推来，不肯罢休，似诉说航海家的遗恨。不，不应有恨了。南半地球有麦哲伦海峡，南半天球有麦哲伦星云，他与天地同在，够辉煌了，够永恒了。杀他的酋长也沾他的光，得以法相庄严，铜身巍峨，流芳百世。

我是两年前去凭吊麦哲伦海滩的。那时菲律宾社会尚未全安定，海滩游客很少。现在想必旅游业兴盛了，麦哲伦一定会给拉浦拉浦的子孙创造出可观的经济效益。当年蛮刀一砍，英明万分，乃是最省钱最赚钱的投资啊。

达尔文的环球航行

叶笃庄

有一位编者请英国博物学家达尔文（1809—1882）谈谈他的过去情况，他的答复是：“我叫查理·达尔文，生于1809年，我研究，作过环球航行，再研究。”

这概括地说明了他的一生。

“贝格尔”是一艘三桅小军舰，排水量原为235吨，配有6门炮。它同老式的十炮两桅船属于一类，都被叫做“棺材”，因为遇到大风浪时，它们容易沉没。不过1831年再度被派往航行时，对它进行了彻底的修理。上层甲板抬高了，这样可以减少在大风浪中的危险，下面也增加了很多舒适的房舱，船底并且加上了坚固的复板；于是排水量增为242吨。

由于船小，船上的每一个人都得挤在一个狭小的地方，以便腾出更多的空间。达尔文常说，在“贝格尔舰”那种狭窄的房间中绝对需要整洁，这使他“养成了有计划的工作习惯”。他还说，他在“贝格尔舰”上学到了节省时间的金科玉律，那就是要注意每一分钟。关于海上的生活方式，他在1832年7月写给他妹妹的一封信中说道：“我们在8点钟吃早餐。丢掉一切的礼貌是我们的不变格言——那就是不互相等候，吃完了就跑。当海上风平浪静的时候，我的工作是研究海栖动物，整个的大洋充满了这些东西。如果有了风浪，我不是呕吐就是设法看一点航海记或旅行记。我们在中午1点钟吃午饭。你们在岸上住的人对于船上的生活方式有着可叹的错误看法。我们还没有吃过（将来也不会吃）咸肉以外的东西，豌豆和蚕豆是绝美的蔬菜，米饭加上好面包，谁能再要别的东西呢？阿尔德孙法官不会比我们更有节制，因为桌子上除了水以外没有别的东西好喝。我们在5点钟饮茶。”

达尔文非常有修养，在船上的5年生活中，从来没有人看见他发过脾气，从长官到士兵都同他交往得很好，人人都喜欢他。所以人们在船上称他为“老哲学家”或“捕蝇者”。不过有一次却因为和船长费兹·罗艾辩论奴隶制度问题，把这位船长弄得勃然大怒，达尔文平生最痛恨奴隶制度，可是当这个消息传出之后，中级军官室的全体官员一致邀请达尔文同他们一同用餐，当时他是同船长一道用餐的。

达尔文在船上的工作是艰苦的，他晕船，但他从来没有忘记工作。从他在“贝格尔舰”上所完成的工作量来看，当时他的精力是充沛的。

在将要完成航海之前，他在亚森森岛接到了他姐妹的来信说，塞治威克曾拜访过他的父亲。并且说他将在第一流科学工作者当中占有一席地位。他们还说，汗斯罗教授曾把达尔文给他的信在剑桥的“哲学学会”上宣读过，并且还把它印刷出来散发。同时达尔文送给汗斯罗的化石骨，也引起了古生物学界的重大注意。达尔文读完这封信之后，深深为他自己辛勤的劳动成果感到欢悦，正如他自己所说的，“便一跃而登上亚森森的山巅，让火山岩石在我的地质铁锤下发出声响。”实际上，那时他的铁锤已经打中科学界的要害，使自然科学在日后放出了更灿烂的光辉。

不过在科学史上完成了如此重大工作的“贝格尔舰”没有被保存下来，留给后世瞻仰；即便在震动了全世界的“物种起源”出版之后，这艘船还不能够逃脱流落异乡的命运。

1831年12月27日“贝格尔舰”从英国出发了。

这一次航行将近5年之久。“贝格尔舰”横渡大西洋之后，即沿南

美海岸航行，然后经由加拉巴哥斯群岛，横渡太平洋，到达澳洲和新几内亚。游历了印度洋的许多岛屿，绕过非洲重返南美，然后返回英国。在出发之前已经获得牧师名衔并且具有一定思想体系的达尔文，到航海归来之后，却变成了一位完全改变了世界观的自然科学的学者了；看起来，这一次航行“决定了他的整个事业”这种说法一点也没有夸大。

五年的环球航行是达尔文的最重要的“大学”。起初他曾试图利用当时在占生物学和地质学中占统治地位的居维尔的激变论来解释他在航行中所看到的自然现象，但他失败了。无数生物界的事实和现象呈现在他的眼前，在科学的地质学奠基者赖亦尔的“地质学原理”启发之下，他逐渐认识到自然界不是静止不变的，它在变，在发展。

在航行中有三类事实引导着达尔文逐渐走向进化论，那就是：

①在南美旅行的时候，他发现一些化石动物同现存动物非常相似。例如，他在红粘土的沉积层中发现了一些巨大的化石动物同今天依然在那里生存的犰狳、食蚁兽和树獭等，并无多大差异，非常相似。而且他在澳洲也发现过同样的情形。达尔文在他的日记中这样写道：“我不怀疑：在同一大陆上这种死亡者和现存者之间的令人惊奇的关系对于生物在地球上的出现和消失比任何其他种类的事实将会投射更多的光明。”

②在南美大陆上，从北向南，密切近似的动物由一个物种被另一个物种逐渐代替。

③使他特别感到惊奇的是加拉巴哥斯群岛的生物。这个群岛位于赤道附近，距南美西岸约八九百千米。这些岛屿上各有各的物种，各个岛屿上的物种彼此又只略有差异，同时所有这些岛屿上的物种都带有南美的特征，而从地质学的观点看来，这些岛屿并不古老。例如，有一件事，看来似乎很平凡，但达尔文越想越感到重要。碛鹨是一种普通的小鸟，根据达尔文的计算，它有 13 个变种，彼此极为相似。有趣的是，每一个岛屿上都有它自己的碛鹨变种。而每一个岛屿上的碛鹨变种彼此又微有差异。这些岛屿上的龟、蜥蜴等动物也是如此。

这些事实显然都无法由特创论或激变论得到解释，他在自传中写道："显然的，这些事实以及许多其他事实只能根据物种是逐渐变异的这一假设，才能得到解释；这一问题常常出现在我的脑海中。"

回国以后，达尔文便决定把物种起源这个从来没有得到正确解答的问题弄清楚。因为他虽然对于这个问题已经有了初步认识，但还有许多他不能解释的问题。例如，生物是怎样变化的呢？生物对于生活条件的适应性是怎样形成的呢？比方说，像啄木鸟或雨蛙的爬树的适应性是怎样形成的呢？种子借着钩或羽毛来传播的适应性是怎样形成的呢？它们是一下子形成的吗？这些问题苦恼着达尔文，也推动他更深入地钻研下去。

经过思索，他认为从动物和植物的选种实践中搜集材料，可能对物种形成的问题有贡献。正如他在自传中所说的，"1837 年 7 月我开始第一册笔记的记录。我根据真正的培根原则进行工作，我印发调查表，同熟练的动物饲养家和植物育种家进行谈话，阅读大量书刊，不根据任何理论，全面地搜集事实，特别是有关家养生物的事实……我很快地发现在创造有用的动物族和植物族上，人类的成功关键在于选择。"这样，达尔文从动物和植物的选种实践中总结出人工选择；以后通过生存斗争的研究，又建立了自然选择的理论。

1844 年，他把物种起源的问题已经大致弄清楚了。1 月他在给虎克博士的信中写道："自回来以后，我即从事一种非常带臆断性的工作。加拉巴哥斯群岛生物的分布，以及美洲化石哺乳动物的特性深深地打动了我，我于是决定把凡是对物种这一问题有任何关系的各种事实统统搜集起来。最后闪出了微光，我差不多已经相信了（同我开始研究时的意见完全相反）物种不是不变的（这好像是承认谋杀罪一样）。……我想我已找到了（这是臆断！）物种对于不同目的能做完美适应的简单途径。"同年，他把在 1838 年写成的 35 页有关物种起源的草稿扩大为 230 页。但为了谨慎，他没有准备发表。

直到1858年9月，在朋友敦促之下，他才开始写作一本关于物种变化的书，把20多年来搜集的材料加以整理，无可反驳地证明了物种是变化的，新的物种系由旧的物种产生出来的，并且说明了生物对于生活条件的适应性是怎样形成的。他的学说结束了特创论、物种不变论和目的论的唯心主义观点在生物科学中的统治，树立起历史观点和唯物主义的大纛。

1859年11月24日是世界科学史上一个非常不平凡的日子，达尔文的伟大著作《依据自然选择、即在生存斗争中适者生存的物种起源》（简称《物种起源》）出版了！它震动了英国，也震动了全世界，将近130多年来它对于自然科学、社会科学，甚至对于文学发生了广泛而深刻的影响。

一小步，一大步

——人类登月记

余 杭

“太阳神 11 号”的飞行员现在已经上了太空船，可是太空船的舱门仍然开着，他们在检查和地面的通讯系统。人们越来越紧张。贝特隆（发射控制中心主任）望望室内的技术人员，又望望室外，心里想：“还有几分钟，我们就要凭本事吃饭了。”

伫望的人群也都紧张起来了，有政府显要、外国使节、来自美国各州和世界各地的老百姓。海滩上，河岸上，成千上万具望远镜注视着“太阳神 11 号”。露营区那边，游客坐在汽车和拖车顶上，万头攒动。

太空中心外的公路上，数百名开车来的人打消了找个好位置的念头，索性停下车，爬到车顶上去。太空中心内贵宾看台上，对号入座的办法完全瓦解。太空船即将舞空时，206 位众议员，30 位参议员，19 位州长，40 位市长，最高法院法官，内阁阁员，69 位大使，100 位负责科学事务的外国部长及武官，甚至于副总统安格纽和前总统詹森。对于谁坐在谁旁边也似乎不计较了。贵宾看台附近的新闻记者看台上挤满了近 3000 位记者，用 30 种不同的语言打长途电话，报道现场新闻。

在一号发射室里，逆数已经到了 30 分钟。太空船的舱门已经关上，3 位太空人和外界已经完全隔绝。“太阳神 11 号”顶端的太平塔已通了电。最后检查开始。

贝特隆的绿钟到了22分，液态氧流入大引擎的内部，使引擎的液态氧泵适应低温，这项工作历时14分钟。冯·布劳恩两眼望着荧光屏，两耳听着对讲电话中的每一个字，但见引擎温度不断下降，油槽压力增加。

自动程序开始。《贝特隆已经解释过："没有人按钮使太空船升空。"）百叶窗稍微合上一些。逆数的最后几分钟一分一分地过去，发射控制室里寂然无声。冯·布劳恩把椅一转，看窗外那只"巨鸟"在冒气，一缕缕的氧从颈部冒出来。500多千克的霜裹住了大火箭。

通讯员数出最后的几秒！"十…九…"冯·布劳恩开始祈祷。通讯员继续在数："发动程序开始…六…五…四…"室内的人都屏息不出声。

"太阳神"的底下喷出烟来了，橙黄和橘红的火焰从5具大引擎里喷出来——硕大的探月火箭缓缓的，很慢很慢的，开始上升。贝特隆知道，升起两英寸，然后，服务塔的支臂便自动弹回原处。像站在一道金黄色大火柱上似的，"太阳神"冉冉腾空，气概万千。它似乎停了一下，然后按照预定计划稍为偏右一点，以免撞向服务塔；引擎喷着火，在怒吼声中脱离了发射控制中心，直往上升。

6秒钟后，震波撞击发射控制中心，玻璃窗震得像风中树叶似的。火箭太空船越升越高，"太阳神"不见了。在历史上这个无从扭转的时刻，人类正向月球驰骋而去……

人类登陆月球

阿姆斯壮和艾德宁（这两人及后面提到的柯林士就是参加登月飞行的3名宇航员），为了准备这个历史性的日子，一直到7月20日，星期天早晨1点钟以后才就寝。柯林士则在3点钟刚过才睡。

4个小时之后，控制中心已呼叫太空人起身。

"太阳神11号"，休士顿喊，"早安。"

第一个答话的是柯林士。“好家伙，你们倒是起得早!”

通讯员开始报告当天的新闻，让太空人跟地球有点切身和真实感。他先告诉他们，世界各地竞相报道他们的新闻。然后，他又告诉他们一则中国民间故事：

“有一个古老的传说，说是有一个美丽的中国姑娘已经在月亮上住了4000年。她大概是因为偷吃了她丈夫的长生不老灵丹，才被赶到月亮上去的。你们不妨找她玩玩。此外，月亮上还有一只中国大兔子，应该不难看见，因为它前脚抬起，站在一株桂树下面。”

“好的，”阿姆斯壮回答，“我们一定要找那只兔子和姑娘。”

“太阳神11号”绕月飞行第11周的时候，艾德宁和阿姆斯壮穿上太空装，爬过一条甬道，进入月球舱做最后一次的检查，以准备月球舱跟驾驶舱的长时间分离。他们特别注意月球舱的推进系统——引擎燃料箱和氦的压力表。燃料是靠氦的压力进入燃料室，互相接触而燃烧的。

在太空船绕月飞行第13周，刚要转入月球背面的前两分钟，控制中心告诉他们：“你们可以分开了。”接着是一阵紧张的时刻，直到太空船又从月球背面钻出来的时候，才听到阿姆斯壮说：“鹰有了翅膀了。”（“鹰”即指月球舱）

“鹰”再转入月球背面，才发动下降引擎，以减低速度，进入距离月球不到16000米的轨道。这时候再发动下降引擎12分钟到距离月球地面只有大约2米时才把引擎关熄。

阿姆斯壮和艾德宁，就这样踏上了全程中仅余万分之一的，那最后一段划时代的旅程。

“鹰”迅速向月球下降，刚刚过了约1万米高度时，舱内两人蓦地报告：“程式警报——一二——○——二，一二——○——二。”这个号码是个符号，在仪表板的一个小仪器上一闪一闪地发亮。表示电脑的使用已到了最大限度。超出了这个限度，电脑就要自动重新从头计算一遍。假若真的如此，阿姆斯壮只好发动上升引擎，使月球舱重返绕月轨道。

那时，休士顿飞行控制室里的导航官是27岁的工程师贝尔斯。他赶紧把问题分析一下，立即提出建议转告太空人：不要再用电脑在月球舱仪表板上报告降落的资料。反之，这类的计算数字都由远测仪发回休士顿的控制室，再由控制室在月球舱继续下降的时候，向阿姆斯壮和艾德宁发出一系列“前进”的命令。

“贝尔斯和控制室的几个人实在应该得到奖章。”探月飞行主任海基说。

鹰：我们下去了！注意！我们下去了！

休士顿：一切良好。

休士顿：高度487米。427米。仍旧好得很。

鹰：213米…122米…91米……看见影子了…

到了后来，还是靠人来驾驶。自动装置飞行仪本来要领两位太空人飞到宁静海的降落区，这时候只好向电脑撤回命令，降落的工作由人来操纵。阿姆斯壮的心跳此时激升到每分钟156跳，地球上的亿万人也替他捏一把汗，正如尼克松总统所说：“这22秒钟是我一生中最难捱的时间。”

月球舱以弧形落向月球的时候，阿姆斯壮慢慢使它恢复直立状态，以便看见前面的情况。正前方，就在迅速下降的月球舱下面，他报告：“一个足球场大小的坑，坑内尽是大小石头。”他马上利用主降落引擎和月球舱两侧的小控制火箭，使月球舱越过大坑。

他让月球舱徐徐下降，距离12米的时候，引擎卷起了月球的尘土。终于舱脚的3个探针有一个碰到了月球的地面，仪表板上的一盏小灯立即发亮。阿姆斯壮又等了1秒钟才关掉引擎。月球舱大概坠下不到5英尺，便落在月球上。

“休士顿，”阿姆斯壮喊着，“宁静海基地到了。鹰着陆了。”此时是美国东部时间下午4时17分43秒，比数月前计算好的着陆时间约早一分半钟。这真是不可思议的令人乐不可支的时刻。休士顿飞行控制室里的人手舞足蹈。欢声雷动，也有人潸然泪下。

“有许多人都快要吓死了，”控制中心说，“现在我们又活过来了。”接着，控制中心又补充一句：“告诉你们，在这间屋子里，在全世界，有无数的笑脸。”“鹰”立即回答：“这里也有两个笑脸。”而“哥伦比亚”（即留在空中的那部分的驾驶员）接上说：“别忘了驾驶舱还有一个呀。”

宝贵的时刻

1969年7月20日晚上10时56分（美国东部时间），阿姆斯壮步入历史。他从舱梯的最低一级伸出穿了靴子的左足，在月球上踏下人类的第一个足印。

接着，他说了一句永垂不朽的话：“这是个人的一小步，是人类的一大步。”

地球上的亿万人，从电视上看到阿姆斯壮跨出这难忘的一步，从广播上听到他说的话，观众与听众之多大概是空前的了。

阿姆斯壮态度镇定，报告踏实。他用无线电话向正在舱里窥望的艾德宁说：“地面细如粉，我用脚尖就可以踢起来。”细粒像炭粉一样粘在他的靴子和靴跟上，靴子踩的足印大约0.3厘米深。他提起脚，望望自己的足印和踵印，觉得很有趣。

月球引力弱，只有地球引力的六分之一，但并不碍事。“走路似乎不难”，阿姆斯牡双足甫落月球，就向控制中心如此报告。他抓着梯子的手也放了下来。

穿着那套笨重的太空装（月球上早晨的气温已达88℃，这套太空装也具有抗热作用），阿姆斯壮起初还走得很不自然。但是，他很快就放胆地一步步离开“鹰”，先挖起一点尘土，以备万一。因为假如他们

不得不缩短在月球上的逗留时间，那么有了这一点点的尘土，也就算得不虚此行了。然后，他才驻足眺望四周荒凉的景色。

“有一种特别的荒凉美，”他说，“像美国高原的沙漠地带。并不一样，但是很美。”

大约过了 20 分钟，艾德宁也跟着爬下舱梯。他的第一句话是：“美！美！”

艾德宁在月球上甫露面，就引起控制中心电视机前一批记者和太空署官员的哄堂大笑。原来他转身把舱门关好的时候，说了一句话：“我要小心，别锁上了，待会儿进不去。”他们要靠这个月球舱飞离月球。

“想得周到。”阿姆斯壮赞他一句。

艾德宁走过来和他在一起了，阿姆斯壮非常高兴：“很有趣吧？”

两位太空人穿着太空装，很难分辨谁是谁，他们为一块牌子揭幕，上面写着：

公元 1969 年 7 月

地球人类初次在此登陆月球

我们代表全人类和平而来

阿姆斯壮把电视摄影机移到 18 米外的地方。以便摄取全景。在阳光强烈的月球上，两位太空人一会儿慢行，一会儿快走，左穿右插，又跳又跑，活像是两个幽灵。艾德宁承认需要一点技巧，因为身体重心变动，要有一番功夫才不会跌倒。

他们留在月球上的明晰足印，可以保持 50 万年之久，最后才被微殒石的撞击抹掉。

……

巾帼英雄

[美] 凯西·索耶

1993 年 12 月的一个星期天，一位身材娇小的妇女身着 181 千克重的宇航服独自做了精彩的表演，在性别敏感的时代，让人对女性刮目相看。

她在地球上空 587 千米处，以每小时 28000 千米的速度飞行。她把重 181 千克、长 12 米的航天器高擎过头顶，稳稳当当地举了 10 分钟，然后将它放回太空。

比较浪漫的电视观众把凯瑟琳·科德尔·桑顿比作神话中为瓦尔哈拉殿堂选送英烈的瓦尔基里或是以肩顶天的女阿特拉斯。

然而，航天飞机返回地球才几个小时，凯瑟琳就是另一副样子了。41 岁的她脚穿黑色大头靴，身着蓝色飞行服，两个小女儿爬在背上，另一个女儿紧牵着她的手，都要她买东西。妈妈从太空回家啰！

这就是凯瑟琳·桑顿在两条轨道上的生活：她是在太空行走创下记录的宇航员和核物理学家；又是妻子、3 个女儿的妈妈，有时还得当当单身母亲。

凯瑟琳长着一张典型的美国人的脸，黑长的眉毛下一双绿色的眼睛明亮而神情严肃。同事们说她长得挺漂亮，同她相处让人觉得愉快，而且她是个工作干劲十足的同事。他们说她不想出风头，可她偏偏在作为男性一统天下的领域里出了名。

“凯西很有天赋。在我看来，在生活中她从未受到挑战。”她丈夫史蒂芬说。52岁的史蒂芬是弗吉尼亚大学物理学教授。婚后13年，多数时间这对夫妇分别住在两个州。只有在周末、假期或像妻子要飞往太空这样的特殊情况下，史蒂芬才从夏洛特韦尔飞往休士顿。他说：“不论在哪儿，我们都每天通电话。”谈到爱情，他说：“回家最棒！”

凯瑟琳·科德尔在阿拉巴马州的蒙哥马利长大。她父亲开了一家餐馆，她母亲在那儿干。凯瑟琳和3个兄弟两个妹妹夏天也去帮忙。凯瑟琳说，20世纪60年代末，悉尼·拉尼尔高中的一位物理老师激发了她对数学和理科的兴趣。可在当时，许多人认为女孩子不宜学理科。

因为家里要负担6个孩子，受经济条件制约，她只能在本州读大学。1974年她在奥本获得了物理学学士，并获得了弗吉尼亚大学的奖学金。1979年她荣获博士学位。1984年她得知国家航空航天局在挑选宇航员。她说：“我觉得有百万分之一的可能性。”

1984年，国家航空航天局录用了她。经过训练后，她被指派负责机组设备和飞行计算机软件工作。1989年，她第一次飞入太空，执行国防部的一项秘密使命。凯瑟琳认为性别差异在宇航中没有影响。她说：“在一些小地方确有些细微差别。”比如，国家航空航天局专为她提供特殊的化妆品，有时在太空举行的记者招待会上她会用一下。

在完成了修复哈勃望远镜飞行之后问候家人时，机组同事、天文学家杰弗里·霍夫曼说，在宇航员迈出航天飞机进入太空前，轮到凯瑟琳为同伴们准备臃肿的宇航服，她在替他们装束时，比别人干得都麻利。凯瑟琳友好地开了个玩笑说：“我给孩子们穿衣服打发他们出去玩可是最有经验了。”她两次太空行走时的搭档、空军中校汤姆·埃克斯则说：“我根本没想过她是个女人。”在修复哈勃望远镜的飞行中，“奋进”号机组人员连续5天分两批轮流走出航天飞机进入太空，创下了新记录。换完太阳能电池板后，右翼卷不起来，影响了返航飞行。凯瑟琳坐在15米长的机械臂的顶端，就像个采樱桃的人。她趁航天飞机经过地球不见太阳光的那一面时抓住了 12 米长的太阳能电池板。她得稳稳地抓住它，不让它碰坏价值几十亿美元的航天飞机或望远镜的任何部分，她还得稳稳地将它放回太空，她让航天飞机飞离时不与它相撞。

在黑暗的太空中，她一点不冷，她自己也觉得像是尊雕像。等了 10 分钟，出现了阳光，每个人都能看到她和他们的壮举。凯瑟琳觉得太空里的器件并不沉重，当母亲的负担才重。她说："刚有孩子那几年真是艰难。有几次我真的觉得受不了了。"现在孩子大些了，她才真正能坐下来休息一会儿。

人们对 1986 年"挑战者"号爆炸、7 名宇航员遇难仍记忆犹新。当有人问她对宇航飞行的风险和对孩子的影响有何感想时，她说："准备飞行时，这些我们当然都想过。我认为生活中没有万无一失的事。"

独探北极

[日] 植树直

破晓前不久，我在帐篷里的睡袋中听见我的狗群突然吠叫，觉得事情不妙。在北极地区，能使拖橇狗惊惧的动物很少，一种是人，另一种是北极熊。

我听到了沉重而缓慢的脚步声。随后又听到了呼吸声，我判断出那是只熊，就在帐篷外。

“完了，”我想，“我这条命完了。”随即想到在东京的爱妻公子。“公子救我！”我这样祷告后，心里觉得平静了些。我很可能送命，惟一或许能保全活命的办法是静躺在睡袋里，尽量不要呼吸。

我想到长枪就在伸手可及的地方，可是枪里没有子弹。我汗如雨下，使我浑身痒得像被跳蚤叮咬了似的。我听见熊在乱翻外面堆放的食品补给。

“但愿能够它吃饱了！”我默默地祈祷，肺简直要爆炸了。

但它并不满足。它转向帐篷，用巨瓜撕那薄薄的尼龙帐壁，哼声很响，我屏住呼吸。帐壁向内突进，吓得我魂飞天外。我感觉到熊的鼻子触及了我的后背。

“这下子一定完了。”我想。

但突然不知是什么原故，熊掉头走了。一切重归沉寂。我猛吸了一大口气。

那天是1978年3月9日，我乘狗橇离开加拿大哥伦比亚角北冰洋岸畔的基地营4天了。我的打算是希望能成为单独闯探北极的第一人。为了达此目的，我曾安排配有雪橇的飞机，在雷索留特至北极这条766千米长路线的沿逢。为我运送再补给。现在，我的全程几乎尚未开始，当我查看被破毁的营地时，暗自庆幸尚在人间。

我用无线电向基地营索取另一帐篷和新的补给。然后静候这位擅闯之客，它定会再来找寻食物。我很担心那支来福枪，在摄氏零下40度可能冻结，也可能在紧急关头延迟发射。我把发火机浸在煤油里，以保证不会发生故障。

熊在第一次侵袭后大约24小时，再度从高耸的冰岭后出现。它向我走来，在目镜中看来，它威武庞大。距离50米时，我扣动扳机，熊立起来。然后一声哀吼，栽倒地上。我又发射了几枪才罢手。

几小时后，运送再补给的飞机抵达上空，投下了我所需要的东西。雪橇再度满载，总重量在450千克以上，对17只拖橇狗来说，这是很吃力的重量。3月11日我们继续和亘古长在的北冰洋搏斗。那真是一处要命的地方，狗和我都费尽了力气，才能使雪橇在无穷尽迷宫般参差突兀的大冰块间前进。有时候我必须用铁棒凿碎坚冰，辟出路来让狗通过。我们奋斗了8个小时，只走了2千米。后来我们停了下来。支起帐篷，才松了一口气。

北极还在前面很远很远。由于温度低在−38℃以下，而且又有强风吹袭，我的鼻子和下巴都冻伤了，狗的情况也好不了多少。

在途中，我必须先侦察前进的路，我无数次爬上大冰块，选择最好的路，而我的选择总是使我失望。

3月16日发生了新问题。在一片平坦冰原上，一条宽约50米的裂罅——冰间水道——阻住了去路。我们一筹莫展，只有静待水道闭合，水道窄缩至1.5米时，我驱狗跃过。可是狗的动作不灵，有5只掉进水里。湿了的毛只几秒钟便冻硬了。不过由于它们不停地在从事体力劳

动，10分钟后便又暖和了过来。

3月26日，我们的进展较好，这一天前进了将近20千米。在松软的雪地上，狗的跑姿像游泳，两条前腿左右外分，高仰着头。虽然我喂它们全份口粮，每只狗一天500多克干肉饼和狗食物，它们还是肚子饿。我一不注意，它们便会吃生牛皮挽缰、海豹皮鞭，甚至我的手套。

我心里总是惦念着赶路，我每晚只睡五六个小时。在冰上奔驰一天之后，双腿会颤抖无力，觉得身子好像不是我的。有时候一进入帐篷便倒头熟睡。

4月1日是个特别的日子。补给飞机顺利地降落在一片平坦的冰地上，送来了一个较轻的雪橇，两只狗和狗食物。也有我吃的东西：鹿肉、饼干、糖、鲸鱼油、盐、咖啡、果酱。交由飞机带回去的有我那个旧雪橇和两只伤患的狗。飞机起飞后，我又孤单一人了。

我和狗同时吃东西，只在每天晚上吃一次，肉总是吃生的。生鹿肉既营养又好吃，再说我也没有时间烹煮。还有，如果我在帐篷里煮肉，蒸汽会凝结，造成帐篷里的冰暴。

4月5日，气候仍然严寒。早晨用六分仪测定位置时，为强劲的东北风所困扰，风吹在我的手上犹如蜂刺。我费了许多力气才测定了我的位置。我现在距哥伦比亚角246千米，距离北极尚有两倍的路程——520千米。我鼓起勇气，向北前进。

枯寂无聊时，那些狗可以使人消遣解闷。每只狗的性情不同，有一只，鞭子还没碰到它便尖叫起来，另一只则从不大不叫，一只狗只要我一举起鞭子，便开始拼命地拖拉。还有一只狗在奔跑时常斜着眼睛看我，好像是在说："难道你看不出我已尽了全力吗？"

4月12日，我们遇到了一条8米宽的冰间水道。在它最窄的地方，有几块冰凌浮在水面。我于是从水道边上又凿了几大块冰下来，和原有的浮冰凑在一起，做成了一条浮桥。

桥造好之后，我一声吆喝，群犬一齐起步，我从后面推着雪橇，越过一个冰凌，又越过一个冰凌。狗群跑过了最后一块冰凌，到了对岸，突然停止了拖拉。

浮冰危险地倾斜，雪橇后端开始向水中滑落。我纵身跃到前面，用鞭柄敲打松弛的挽缰，大声喝道："走！走！"群犬最后一次努力，向前一冲，雪橇终于上了对岸的坚冰。

4月13日，我过了中途点。第二天飞机送来新补给和半队新狗。我距目的地还有362千米，如果冰地和气候良好，我可在10天内到达北极。尽管以前遭遇了许多险阻，我竟奇怪地觉得必能成功。

4月15日，我的乐观情绪减退了。一场迷眼的暴风雪，使我们整天和第二天都无法前进。群犬蜷伏在有帐篷挡风的那一边，头向着下风，吹飘的雪使它们变成了无定形的白雪堆。

17日中午，气候略微转好，我不能再等待了。但是雪却是极狡猾的敌人。它覆盖着眼前的大地，把旧的坚冰和新结的危险薄冰一齐掩没。狗队几次踩破冰层，我也好几次踏破薄冰，深陷至膝盖以上。

不久又出现了新危险情况。大片的冰地在移动。我们周围的世界像一个旋转的舞台。这是我第一次真正的漂浮在北冰洋上，在互不相连，互相摩擦的大冰块上行进。这些冰块无可避免地越裂越小。

当晚，我在一个冰岛上扎营，岛宽约300米，忽然在距我帐篷20米的地方出现了一个大裂缝，我怎么办？就在我考虑各种可能性的时候，冰又破裂了，这一次的裂处，比刚才那次距帐篷更近，冰岛变成了冰块。现在不容再多考虑了。

一股涡流将冰块推动，和另一冰块接连，那块冰块似与坚稳的冰地相连。我收拾起帐篷，抓起凿冰铁棒，一棒打在狗队和雪橇间的挽缰上。"走！走！"我用尽力气大叫，狗猛力一拖，雪橇上了相连接的那一冰块。

好了。我们又安全了。我用铁棒在挽缰上又打了一下，群犬再全力拖拉。几秒钟后，我们到达了坚稳的冰地。

这次险里逃生，使我觉得我太浮躁了。因此我满怀希望地等候那些破碎的冰块结成一片整个的冰地。直到4月21日早晨，我才认为可以安全地上路。这次忍耐很有收获：这一天，狗队和我前进了40千米。4月22日又前进了59千米，是全程最佳记录之一。

4月23日，一大片杂乱的大冰块再度构成障碍。在这种地方，狗很快便累了，我发出前进口令，每只狗虽都身系绊带，但却只是躺在那里，看看周围的队友，好像命令是发给队友的。

不过我们还是向前推进，有时候利用漂浮冰块铺设浮桥，渡过冰间水道。有一次没有浮冰可以利用，我便用雪橇作桥，把雪橇滑出水上，使其两端架在水道两岸。

群犬怀疑我的搭桥技艺，但却乖乖地让我一只只牵着过桥。所有的狗都到了对岸之后，我便再给它们系好绊带，然后合力一拖，桥便又变成了雪橇。

4月26日，最后一班补给飞机送来了足够几天用的食物。我发誓不再要补给。在这个念头的鼓舞下，次日我驱狗尽量赶路，成绩极好。只要再走76千米，便到北极了。

4月28日，今天是最后一天吗？前进了一小时后，冰块减少，片片平坦的冰地，像是沙漠中受人欢迎的绿洲。但我们又到了冰间水道，在冰地上纵横交错，像是巨人晒的湿渔网。虽然大多数水道都不宽，狗可以跳得过，但仍耽搁了我们很多的时间。虽然我们不停地向前推进了将近14个小时，还是未能到达，明天一定是大功告成之日。我疲倦地解开群犬，支起帐篷——的确是最后一次吗？我兴奋得无法成眠。

北极地带夏季的早晨，全由个人选择；早晨与夜晚并无分别。我起得很早，狗却根本不认为第二天已经到了。因为这是我们最后的一个早晨，我决定拍摄营地和全队的电影，我把狗从梦中唤醒。它们并不像我一样地对这历史性时刻觉得兴奋，结果成了拍摄静物的电影。

上路后，情况就不同了，群犬都极为卖力。途中我觉得很高兴，相信我们必能在今天到达北极。我跟随在雪橇后面跑，心中不由得感激群犬对最后胜利的贡献。

行进了大约 12 个小时后，我猜想我已到了北极。4 月 29 日格林威治下午 6 时 30 分，我停下雪橇，测量位置，我的位置显然距北极极近，如果真有北极其物，相信一定就在我肉眼能见的地方。我又花了两天的时间测量，每次结果都证明我确已到达世界之巅。

在我等候飞机载我回基地营时，我回想过去这 55 天辛苦的日子，想到妻子和无数曾帮助我的人，心里极感愉快。这是第一次有人单独到达北极。

印尼探火山

[德] 埃里希·福尔拉特

火山学家们说了：火山岛没有危险，最近500年内这个岛的火山不会爆发。于是我乘船渡海登上了火山岛。海浪有几米高，古老的多桅帆船发出吱吱嘎嘎的呻吟。

驾船的是拉布安村一个灰白胡子、饱经风雨的渔民。他显然不赞成我们的这次行动，嘴里喃喃地说“奥朗阿尔耶”（火山神）和“汉图劳特”（海神），意思是叫我们当心它们发怒。他将船停靠在一道呈黑色糖粉状的海滩边。我沿着一片月球表面似的地带攀登。由于地势陡峭，我喘气不停，脉搏急速跳动，爬了两百米，站到了阿纳克拉卡托火山口的边缘上。大地在我脚下发出咝咝的响声，仿佛开了锅似的不停地抖动。含硫的蒸汽向上直冒：这是火山神——如果有火山神的话——呼出的口臭。我几乎已经相信真有火山神了。

当我向火山学家们询问阿纳克拉卡托火山的情况的时候，他们说没有危险。但是火山学家们可能错了——我现在站立的这个地方是最好的证明。19世纪末，所有科学家一致认为：位于印度尼西亚苏门答腊和爪哇两岛之间的巽他海峡的克拉卡托火山，是一座“睡火山”，它早已熄灭。不久，发生了完全意想不到的，十分难以想像的恐怖场面，人类前所未见、事后也没有再遇到过的事情：大自然演出了——一位同时代的人这样写道——无法用笔墨来形容的一幕……

1883年5月20日。家庭主妇费罗尼卡·范·德·斯托克第一个预感到，克拉卡托火山势将爆发一场灾难。她听到了从火山岛方向传来一阵轰轰隆隆的响声，响声过去后，她发现放在厨房里的德尔夫特瓷器变成了碎片。这是一份珍贵的结婚礼品，是她从荷兰带到“东印度”殖民地来的。

“这不是地震，”她对地质学家丈夫扬·范·德·斯托克说，“克拉卡托火山爆发了。”斯托克把她搂在怀里，答道：“亲爱的，但愿所有的火山，都像克拉卡托一样老老实实地待着。”

土著们和范·德·斯托克太太的想法相同，认为这座火山情况有些不正常。他们断言，自从殖民统治者禁止“不文明的习俗”，不再给“火山神”供奉母鸡和绵羊起，“火山神”要报复了。可是科学家不以为然。

1883年5月22日。荷兰邮船“松达号”沿距离火山岛3千米的地方驶过。船长在航海志上写道：“克拉卡托火山上空显出一道烟柱。脸上和手上感到发烫。海面上一片尘埃雨。”

几天后，看守猎场的荷兰人居恩特·费伦扎尔访问了该岛，发现“植物几乎完全毁于尘埃”。他未敢登上山顶。“某种危险正在形成之中。”他这样报道说。

这是最后一次报警。可是没有人给予重视，谁也不担心克拉卡托火山。火山岛离开住人的海滨毕竟至少也有40千米。

1883年8月26日，下午一点钟。“序幕”演完了。积蓄了几百年之久的、难以想像的大量瓦斯和岩浆，从火山口里喷射出来。压力之大是无法抵挡的——就像猛烈摇动的香槟酒瓶塞一样，地壳的这个最后一只“塞子”现在也炸飞了：克拉卡托火山爆发了，每隔几分钟，将数千吨石块、火团和尘埃抛入30千米的高空。“掀起了一场猛烈的风暴，大地抖动，似乎世界末日来到了。”一个观察家写道。太阳在下半晌以前就昏暗不明，爪哇岛海岸一带黑夜长达72个小时，而可怕的事情还在后头呢。

1883年8月27日，十点零二分。一阵嗞嗞声、呼哨声、闷雷声、咆哮声响过，紧接着震耳欲聋一个霹雳——人类史上记录到的最大的巨响，一直传到菲律宾，传到澳大利亚，以及5000千米外的罗德里格斯岛。克拉卡托火山像纸屋一样倒坍，同时释放出相当于10万颗在广岛投下的原子弹的能量，把三分之二的土地拉进海底。面积差不多和纽约的曼哈顿区相等。

岩浆几乎不停地一连喷射了19个小时，现在地下已没有更多的“物质”源源不断地迅速冒出来了。因此岛的下边掏空了一个其大无比的洞，火山的烟筒像电影中的慢镜头似地坠入洞中。几百万升海水变成漩涡，同几千吨灼热的岩石相碰——随即发生瓦斯爆炸，它的强大威力，使下泻的洪水形成阵阵巨浪。这种“索命的浪涛”涌到爪哇岸边时，最大的高达40米以上，一直冲入陆地25千米，将人畜房屋和庄稼吞噬一空。

在福尔思角地区看守灯塔的斯勒伊特奇迹般地活了下来，虽然巨浪将他的灯塔像麦秆似地卷走。可是他不得不眼看着下泻的岩石，把其妻子和孩子活活砸死。

36000多人死亡——而世界各地的人却为美丽的落日奇景惊讶不已。克拉卡托火山喷出的尘雾悬在30千米高空，围绕着地球，仿佛滤光器似的，即使在欧洲，也使得太阳光的强度减少了20%。

之后，克拉卡托火山又逐渐被人们忘却——不过这一次为时只有44年。

1927年12月29日。渔民们看到，在已经缩小的原来的火山岛那个地方，海面上泛起瓦斯泡泡，接着是一阵烟云。荷兰地质学家卡尔·E·斯泰恩接到渔民们的报告，看到这一现象，拍了照：由于一次地下火山爆发，使得一个岛升出了海面。土著们给这座“阿纳克拉卡托”新火山取名“克拉卡托的孩子”，并十分尊敬地杀鸡宰羊祭它——他们在

1887 年时也准备这样做，却遭到荷兰人的禁止。由于来自地下的碎石不断补充，阿纳克拉卡托火山每年增高几米。不过，从地质学观点来看，这火山仍然处于弱不经风的婴儿年代，可能它腹中的炸弹要到几千年后才会爆炸，也许永远不会爆炸。

印度尼西亚位于太平洋边缘的“火环”的中心。这儿是全世界活动性最强的火山多发地带。

在其他任何一个国家，都不像这个地方有这么多的“活动性强的家伙”。在总计 125 座被科学家们定为几乎全是“爆发危险特大”的火山中，35 座位于爪哇岛，这里是世界上人口最密集的地区之一。

加隆贡火山还根本未列入火山学家们的危险名单，可它却是迄今最早发出报警讯号的一个。1982 年夏，它突然打起嗝来，吐火喷烟。仅仅由于熔岩流入山谷缓慢，才有时间撤退了 6 万居民。

加隆贡火山的尘雾十分强烈，几乎使两架“珍宝机”出事：喷气式客机的推动装置已全部失灵，直到最后一分钟才恢复运转，刚好来得及冒险降落。火山上空被迫关闭了好几个月。

我们在拂晓时分驱车去唐库班佩拉，科学家们说，这是“我们坐在汽车里观看火山的地方”，因为公路直通火山口边缘，然后斜坡向下，透过烟云，感到金黄色的硫磺岩块在翻滚。在一个月色明亮的夜里，我们骑马穿越原始地带，登上布罗莫火山。在那里，遇见几千人举行祭神节：烛光耀眼，香烟缭绕，人们喃喃念着咒语，开始列队行进；继而随着瓜哇特有的加梅兰乐队奏出的近似键盘乐器的乐曲，兴高采烈地跳舞；最后是杀猪和杀母鸡祭献，达到高潮。

接着，我们匆匆赶往气候凉爽的克卢德，按村民的说法，山神们正在那里开会，决定下一次该由哪座火山发怒逞威。

“现在，你还得去爬马拉秘火山，真正的爬山。”在德国汉堡深造过的日惹火山学家穆罕默德·伊斯蒂贾布说。一面露出深奥莫测的微笑。马拉秘火山，这个叫科学家们特别担心的孩子，是给我保留的最后一个

节目。

1066年，它的大量熔岩，把中爪哇的文化全部埋葬在地下。此后，据记载，这座火山每隔一年半左右小规模地喷射一次，没有什么危险。可是这一次，它已将近3年没有爆发了。火山学家们希望这不是大发作前的平静。“马拉秘这家伙是索命鬼。”穆罕默德专家说，他的声音中不无敬畏的口气。

在去普拉万甘观察站的途中，太阳给一眼望不到尽头的水稻梯田上，洒下一串串耀眼夺目的珍珠。火红的木槿花和翠绿色大凤尾草后面，小蜥蜴沙沙作响。丛林中的路愈来愈陡窄。左弯右拐——然后蓦地视野开阔，火山呈现在我们跟前。它的姿态十分美丽，灰色，顶着碧蓝的天空，恰似一个吸烟的人，正在吐出一团团毫无恶意的白烟。

普拉万甘观察站站长帕努特认为，“毫无恶意”这个概念不正确。在担任这一职务8年工作期间，他已多次不得不发出危险警报，从而开动印度尼西亚政府规定的火山“报警系统”。我想还是把它称之为丛林电报好，因为出现紧急情况时，是这样做的：帕努特通过“热线”打电话给总部，他有一部军用电话机同卡柳朗村村长保持联系。村长随即擂起丛林大鼓。一声“通”表示：“注意，有危险！”“通通”两声表示：“妇女儿童撤退。”“通通通”三声表示：“各自逃命！”

帕努特领着我参观观察站。他同妻子和孩子住在简易的木屋里。不害怕火山爆发吗？“不怕。”帕努特说。迄今为止，每一次较大的爆发，他都在事前觉察到了。对他说来，这座山犹如一个不听话的兄弟，很熟悉，只是间或有些倔强。要是这位站长的直觉什么时候不起作用，还有一台地震仪记下火山的震动。此外，帕努特也用一只望远镜，时时刻刻观察山的动静——没有更多的钱添置技术设备。总共有6个观察站在观察马拉秘火山，这要算印度尼西亚火山监视工作是最完善的一处了。而最危险的赛马鲁火山，只有一个人负责监视呢。

即使是勇敢的帕努特，也对火山怀有非常敬畏的心理：有一天死亡云会出现在观察站上空。科学家的专门术语称之为“发光云”，指最严重的大爆发产生的白热瓦斯涡流，它能毁灭一切生命。

观察站里贴着一份注意事项，上面写道：“出现‘发光云’时无法再进行救援。只能事后在边缘地带搜寻残存的生命。”经向火山学家了解获悉，单是在直接危险地区内，就住有10多万人。

下午，来到更靠近马拉秘火山的巴巴丹。这里有一个用1厘米厚的钢板加固的地下掩体，火山爆发时人们可以进掩体躲避。此外一切应有尽有：地震仪、瞭望塔、简易木房、友好的人。然后，我们钻进吉普车，前往登山点所在的塞洛村。

我们信步穿过观察站旁边的村庄。这是一个美丽的小村落，房屋是石头和茅草结构，很宽敞，院子打扫得干干净净。家畜肥壮，肥沃的火山土地里长着绿油油的蔬菜。一个高大健壮的农妇在树阴下打盹儿，不时挥手驱赶苍蝇。

夜深了，火山在呼唤。准确地说，是我的伙伴穆罕默德，他不仅在呼唤，而且还把我摇醒——我睡在刚刚铺好过夜的垫子上。我的手表指着凌晨3点钟。从水壶中倒了一杯茶，喝过，就出发了。

道路很陡，越来越陡，陡到极点，一个劲地向上，直登天堂。爬了6个钟头，来到一块高地，然后再次向上，直到火山口，海拔高度2900米。

山上冷得牙齿作对儿磕碰。可是我们谁也没有真正冻僵，因为我们脚下卷起的烟云，是直接从洞口里冒出来的。向下一眼看去，使人忘掉了冷，忘掉了一切：但见像刀刃一样锋利的岩石下面一片沸腾，咕噜噜直响，酷似一条火龙在深渊中喷烟吐焰，翻滚的泥石流想要把一切都吞食干净。

在明亮的晨曦中，日惹周围的稻田像无数面小镜子，耀眼闪光。一边是层峦叠嶂，另一边是辽阔的印度洋。“我们管这个地方叫鳄鱼背，”穆罕默德指着我俯对面一道呈锯齿状的峭壁说，“我们担心马拉秘火山

有一天会朝这一边爆发。”峭壁后面是什么东西呢?“是日惹市和它的200万居民。”就靠这么一道峭壁。而马拉秘火山已经没有按惯例准时喷火了。也许我们现在还是以离开它为好。

可是火山学家们还要“量热度”。有个人拿出一块湿手帕,捂在脸上,往更低的地方走去。差不多已被黄色硫磺雾吞没了,他猫着腰,把一根小钢管插进地里。几分钟后他回来了。“344℃”。他说,“一切正常。”

下山时起雾了。穆罕默德突然转过身子,激动地指着山顶方向叫道:“‘发光云’来了,快跑!”说着,一个箭步冲到了10米开外。我头也不回地跟在后面跑,跌跌撞撞,幸好没有倒下。一会儿,穆罕默德猛地停了下来,把水壶递给我——放开喉咙哈哈大笑。我轻轻揍了他一拳,咕嘟咕嘟喝了几口水。

说死亡云临头是开玩笑的。这一次还没有死亡云。

(杨寿国　译)

地心旅行

［德］霍斯特·京特罗特

利登布罗克教授和侄儿阿克塞尔在冰岛从一处火山口攀缘而下，进入阴曹地府，看到了一个奇妙的世界。叔侄俩在地球肚子里饱受雷雨侵袭，差一点儿被球形闪电击毙。他们在地下海上航行，同巨形蜥蜴相遇，穿越方向莫辨的大蘑菇林，走过一片片人类祖先的骸骨堆……直到一次火山爆发，才把他俩喷出地面，落到意大利斯特罗姆博利岛上。

这是123年前，法国作家茹尔·凡尔纳在他的长篇科学幻想小说《地心游记》中的一段描写。凡尔纳对我们居住的这个宇宙球体作出这样的设想，即地球这颗行星十分奇妙怪诞，恰似一团硕大无比的瑞士奶酪，布满了弯弯扭扭的坑道和洞眼。但现代科学至今未能进入地层深处掘出坑道和洞穴、怪兽和木乃伊。倒是地质工作者找到了岩石、天然气、矿物和岩浆，原来地球非常坚实。尽管科学工作者用飞机和宇宙飞船征服了天空，用星际航空站和人造卫星对月球和火星进行了探索，但人类对处在自己脚底下深处的情况，至少对那里的主要情况。至今还一无所知。

现在，科学工作者准备借助钻机开始作地心旅行。德国地质学家和工程师计划，在上法耳次地区的一片田野上，钻一个深达14千米的洞眼，进入我们星球的内部。虽然这充其量只不过是碰破地球一点

皮而已，因为地球半径有6300千米，可毕竟这是前所未有的深度了。

人们老早就在地球上钻孔打眼了，已经打了千千万万个洞眼，水上陆上，遍及世界各地，大半是为了开采天然气和石油，钻进深度通常为几千米。美国天然气勘探工作者曾经用钻机钻到地球表层下9.7千米的地方。迄今最深的洞眼是用于进行科学研究的：1970年5月起，苏联地质学家在北冰洋之滨的科拉半岛上进行钻探，至今为止已钻进到地底下12千米的深处。

地质工作者取得了令人惊奇的研究成果，不仅仅涉及本行专业。他们甚至看到，在9500米深的地方还有可以利用的金属，在10000米深的地方还存在天然气和含矿物质的地下水。

德国人于1987年9月开始执行他们的“大陆深钻计划”，地点选在上法耳次。这是因为，德国地质学家是根据充分的地震探测，找到这个地方计划钻这个最深的洞眼的。地震探测资料表明，上法耳次地下很可能引人入胜，地层深处有两个大陆碰在一起。大约3亿年至4亿年以前，远古的欧洲和远古的非洲在这儿重叠。这样可以一钻就触及两个大陆，钻穿一个大陆，钻到另一个大陆上面。因此，大陆深钻计划发言人彼得·海因里希博士也深信：“从这么深的地下采出的岩石，将像美国宇航员取回的月球上的岩石一样，成为全世界实验室的抢手货。”

然而，受到地质学家欢呼的所谓“地球科学大规模研究进入一个新时代”，同地球之大相比，至多不过是蚊子在大象肚皮上叮了一口。大陆深钻计划的钻进度只及地球半径的2.2%，而且在可以预见的将来，也无法从我们星球更深的地方取得用来检验它的内部生活的样品——有关地球结构的知识，地质学家已掌握了一大堆。几十年来对地震和火山爆发进行的观测，所有地震资料，都给他们提供了完整无缺的一系列间接证据，用来作出关于地下世界概貌的假说。

按照这种假说，地球结构很像一颗洋葱头。表面一层为地壳，平均厚度约35千米，由坚硬的硅酸盐岩石组成。接着第二层是地幔，厚度约2900千米，同样为含硅酸盐丰富的物质，只不过温度高，可以变形。再下去是主要成分为铁的地核。地核的外层由于随着深度增加而温度愈高，所以呈流体状态。但到5100千米深处铁却变成了固体。地核中心部分压力很大，以致尽管温度高物质仍会“凝固起来”。中心点气压为350万帕，温度为摄氏4000度至7000度。

地质学家的假说认为，地球内部并非死气沉沉，而是充满“活力”的。由于地心压力很高，坚硬的地核中心部分不停顿地胀大，吞食它的外层流体，每年胀大约1厘米。这一凝固的过程放出热量。引起地核外层产生“对流”：流体状的铁泛起，冷却，然后下沉，再熔化，如此循环反复不已。由予金属流体导电，所以地核像一台直流发电机，并产生地球磁场。

地幔层也有对流，比地核对流缓慢得多。现在还不清楚是什么动力导致地幔层产生对流的，不过原因只有两种可能：要么是地核的热量，要么是地幔中放射性物质分解放出的热量。在地幔层的对流中，灼热的物质泛起，然后下沉冷却。产生的影响是“大陆飘移”，即德国地质学家阿尔弗雷德·维格纳早在1912年即已提出的假说，不停顿地移动。大陆和大洋一直处在相互运动的状态中。

整个有关地球假说的这一部分已通过钻探得到证实。20世纪60年代末，“格罗马挑战者号”考察船载着地质学家，用钻机钻到了水平面下8000米处的海底。从这次钻探获得的关于地壳年龄的资料表明，地中海的洋隆附近持续地生成新的海洋外层，从这里向两边分开，随后又移向地心。两个大陆就这样不断分离或不断靠拢，每年移动约几厘米。

从事大陆深钻计划的科学工作者们，现在也希望获得类似的珍贵照片，为人类正确认识地球这一事业添砖加瓦。大陆深钻计划地质学家海因里希说：“我们的目标和雄心在于，进行一项内容广泛、意义

深远和绝无仅有的探测工程，不只是钻出深度世界第一的洞眼而已。”对德国人来说，即使他们在20世纪末钻到上法耳次地下14千米，这一点也并不见得百分之百稳操胜券，因为苏联科学工作者已决定在科拉半岛上继续钻探，他们将在已达到的12千米深的基础上，再往下钻进3千米。

（杨寿国　译）

重访龙骨山

裴文中*

山不在高，有人则名。周口店坝儿河边这座不起眼的龙骨山，曾经是“北京人”的家，因而闻名于世。

北京人生活的时代，虽然距今大约50万年了；但是北京人的发现，却还是几十年前的事。

我偕北京自然博物馆同仁黎先耀等人重访了北京人的故居。1929年我在这里发现震惊世界的第一个北京人头盖骨的时候，才25岁；现在已经75岁高龄了，但还是同他们一起登上了龙骨山。

北京的秋天是最宜人的。站在龙骨山眺望，西北面远处青峦叠翠半抱，东南面山下清溪蜿蜒，平川无垠，金色的田野上人们正忙着秋收。陈列室里布置的北京人生活的复原景观，挑的也是深秋光景。北京人利用了肿骨鹿往南迁徙的季节，正好围猎这种美味的动物。妇女和孩子趁各种果实成熟，也正好采集储备冬粮。

不用说五十万年来，这里沧桑变化，自然面貌已经改观，山下的湖泊，附近的原始森林和草原，以及生活其间的河狸、猕猴、犀牛和鸵鸟等，都一起消失了。就是几十年来，特别是新中国成立以来，社会面貌也发生了翻天覆地的变化。

我们老一辈古生物学家，最初到这里来进行发掘工作的时候，有时就在半坡上的山神庙里休息，晚上就住在山下的鸡毛小店里。刚解放

时，我们重回到龙骨山来一看，蒿草没胫，狐兔惊走，更加荒凉了，连原来盖的几间办公房也被拆毁了。现在这里已经修建起了新的展览馆，成了人们参观和游览的胜地。

解放前，这一带除了几座常被水淹的小煤窑和时烧时停的石灰窑外，附近只有一个铸锅的小作坊。现在这里，不但办起了农机修配厂和建筑材料厂；北面的山间盆地中，还兴建起了一座规模巨大的现代化石油化工联合企业。

半个世纪前，我发现第一个北京人头骨的时候，照亮用的是“洋蜡”。挖掘出来以后，我用自己的被褥小心地把它包裹好，往城里送的时候，乘坐的是烧“洋油”的外国老爷车。那时这里是条坎坷不平的土路，常常碰见的是一串串驮煤运灰的骆驼。这次我们到龙骨山来，乘坐的是北京汽车制造厂制造的汽车，汽车烧的就是龙骨山下东方红炼油厂出的汽油。如今，平坦宽阔的沥青公路，从北京城一直通到龙骨山下北京人故居的门前。

龙骨山是一座旧石器时代古人类遗址的宝库。这里不但发现了珍贵的古人类及其伴生动物的化石，还出土了丰富的古人类文化遗存。北京人在他们居住过的洞穴里．留下了大量用不同石料制造的不同用途的各种石器。如用脉石英打制的尖状器，用砂岩打制的砍砸器，还有各种刃形的刮削器等。这次我们还随手拣到了一块半成品的石片。北京人制造石器的原料，大多是从龙骨山下河滩里拣来的卵石。打制石器的工具——石锤和石砧，也是利用了较大的卵石。从几万件制成的和未制成的，使用过的和未使用过的石器，可以看到几十万年前的北京人，通过长期的社会实践，对不同岩石的性能和不同斜面的作用，已有粗浅的认识，并且还掌握了相当熟练的打制砾石工具的本领。特别是北京人用火的确凿证据，在人类进化史上树立了一块里程碑。这次，我们在洞穴的有些剖面的地方，用铲子轻轻剔去一些发白的表土，里面红色的用火灰烬层就显露出来了。

当我们走到1929年发现北京人头骨的地方，在石阶上坐下来休息的时候，自然就会想起和谈起解放前发现的那些北京人化石的命运。龙骨山这个世界上最丰富的古人类化石地点，应该说最早是周口店石灰窑工人发现的。后来主持发掘工作的主要也是我国的古生物学家。可是解放前北京人化石的研究权，却控制在外国人的手里。从龙骨山最早发掘出的有些化石，还收藏在乌普萨拉大学的古生物陈列室里。1927年以后直到1937年抗日战争爆发，这期间发现的不少件北京人化石，包括我发现的那个完整的头盖骨，这些稀世的科学珍宝于日寇侵占北京期间，在美国人手里弄得不知去向了。北京人的失踪，同北京人的发现一样，也曾震惊了世界。我好像一位老母亲追忆起多年前失踪的爱儿，深深陷入了沉思和遐想。

新中国成立后，龙骨山回到了人民的怀抱，北京人也回到了人民的怀抱。从此，中国古人类的发掘和研究工作，完全由我国自己的人类学家来主持了。解放后。不但新发掘出不少北京人的化石；而且又在陕西的蓝田、云南的元谋等地，发现了比北京人更为古老的人类化石及其文化遗存。但是“四人帮”的破坏，曾阻碍了古人类研究事业前进的步伐。近几年来为了赶超世界先进水平，在中国科学院古脊椎动物与古人类研究所的组织下，一支包括全国许多研究机构和高等学校在内的队伍，正在对北京人遗址进行古人类、古文化、古生物、古地貌、古环境以及绝对年代测定等多学科的综合研究，把这项工作提到了新的高度。

从一鳞半爪，也能窥探全龙。龙骨山的变化，反映了新北京和新中国的变化。从关于研究远古“北京人”工作的新面貌，也可以看到现代北京人民和中国人民的新面貌。这次同我来访问龙骨山的年轻的人类学工作者，就是新中国自己培养起来的。解放前龙骨山的老技工，老当益壮，镐锤不离手，今天仍在“北京人”洞穴里做继续深入的发掘工作。有些周口店农村知识青年，在“北京人”展览馆担任讲解员。他们不但已能把古人类洞穴遗址的情况，介绍得如数家珍；还能将劳动创造人的

理论，宣传得像讲春种秋收那样令人信服。

周口店大变了，周口店人们的生活也大变了。中午我们到周口店吃饭。要不是那一棵老银杏树，我也认不出当年的地方了。往昔这里除了几家地主和资本家的住房外，连一间瓦房也难看见，大多是破漏的矮灰房。现在村里一排排几乎都是整齐的瓦房。那时这里只有一家小铺，还是靠龙骨山发掘工作维持的，卖些绳子、纸张和荆条筐之类的包装用品。现在村里的供销社货架上琳琅满目，农民的日常用品和生产用具，几乎应有尽有了。

暮色降临了，我们还坐在山顶洞人遗址旁的那块大岩石上，依恋不舍地眺望。山下有几处熊熊烛天的火光在燃烧，那不会是北京人的篝火，是炼油厂燃烧的废气吧。我们闻到的不是北京人烤肉的香味，随着晚风飘来的，仿佛是一股石油的芬芳。天上的星光越来越密，地下的灯火也越来越明亮，渐渐连成了一片。远处，有一颗流星，还是一盏车灯，也许是人造卫星，从天边掠过。人们站在这原始人类的遗址上，也能感到现代人类发展愈来愈快的步伐。我们伟大的社会主义祖国，正在紧紧追赶。

“北京人”的化石，我们多么希望能找到下落，失而复得。可是今天我们还需要寻找回来的，是被“四人帮”长期放逐的“北京人”的那种我国传统的创造性和进取心。

* 裴文中（1904—1982），中国古人类学与古生物学家。曾任北京自然博物馆馆长，是中国猿人第一个头盖骨的发现者，又是中国旧石器考古学和中国第四纪哺乳动物学的奠基人之一。

幸运的发现

[英] 理查德·利基

每一个人类学家都梦想能发掘出人类远古祖先的一副完整的骨架。可是，对我们大多数人来说，这个梦想还没有实现。死亡、掩埋和石化等变化莫测的因素导致了人类史前时代纪录的贫乏和破碎。离体的牙齿、单块的骨骼、破碎的头骨片成了重建人类史前时代故事的主要线索。尽管这些线索的不完整使人灰心丧气，但我并不否认它们的重要性。如果没有这些线索，我们就无法叙述人类史前时代的故事了。当我见到那些并不完整的人体遗迹时，自然而然地流露出了无法抑制的兴奋，它们毕竟是我们祖先身体的一个部分，与我们通过数不清的世代传承有着血肉的联系。但是我们最根本的目标还是要发现一副完整的骨架。

1969 年，我有着特别好的运气。我决心去探测肯尼亚北部特卡纳湖东岸广大地区古老的砂岩堆积。这是我第一次独立地介入化石的领域。我被强烈的自信心所驱使，相信在那里会发现重要的化石。因为我在一年前乘小飞机飞过这个地区时，我认识到那里的层层堆积物是富有潜力的古老生命的宝藏，虽然许多人不相信我的判断。那里的台地崎岖不平，气候异常炎热和干燥。然而对我来说，那种地貌是极端美丽的。

得到了国家地理学会的资助，我组织了一个小组，在这个地区进行踏勘，成员包括以后成为我妻子的米符·埃普斯。在我们到达那里几天

后的一个上午，米符和我在进行了一个短时间的勘探以后正通过沿着干涸河床的一条捷径回营地去，因为我俩都感到口渴难忍，想避开中午烧灼般的炎热。突然，我看到就在我们正前方的橙色沙土上，有一具完整的化石头骨，它的眼眶茫然地凝视着我们。它的形状无疑是人的。对这个偶然的发现，我表现出一种既兴奋又怀疑的复杂情绪。

我立即认出它是早已绝灭的人类的一个物种，即南方古猿鲍氏种（Australopithe cus boisei）的头骨。这具头骨在埋藏了近 175 万年之后只是最近才被季节性的河水从沉积层中冲刷出来初次出露在阳光下。这是已发现的很少几个这样完整的远古人类头骨之一。在这具头骨出露几个星期之后，倾盆大雨形成洪流充满了这个干涸的河床。如果米符和我没有遇到它，这个脆弱的遗物肯定会被水流毁掉。我们恰在这个时候为科学发现了这个长期被掩埋的化石。机会实在是太宝贵了。

一种不寻常的巧合，我的发现和 10 年前我的母亲玛丽·利基在坦桑尼亚奥杜韦峡谷发现一具相似头骨的日期，几乎是同一天。然而，我母亲发现的头骨像一个使人气馁的旧石器时代的拼板玩具，要用几百块破片来重建。看来，我是继承了我的母亲玛丽和父亲路易斯所享有的著名的“利基幸运”。的确，我的好运道保持在随后我领导的特卡纳湖的多次考察发掘中，它使我发现了更多的人类化石，包括已知的最早人属的完整头骨。人属是人类系统中最后产生的现代人，即智人种的一个分支。

最然我在年轻时曾发誓不卷入寻找化石的工作，希望避免说成我是受了我的闻名于世的父母很大的荫庇。可是这个事业的绝对魔力还是吸引我进入了这个领域。东非掩埋着我们祖先遗骸的古老而干燥的沉积层，有着无可否认的、特殊的艳丽，但它们也是无情的和危险的。寻找化石和古代的石器常常被描绘成浪漫的经历，它确实具有浪漫的一面，可是就是这样的一种科学，它的基本资料要到远离舒适的实验室几百千米或几千千米的地方才能找到，这是一种需要体力的事业，也是一种有时会影响到人的生命安全的工作。特卡纳湖东岸的许多重要发现，不仅吸引我进入了一个我曾一度强烈避开的职业，而且建立了我在这一行业中的名声。可是，发现一具完整骨架的最终梦想仍未实现。

1984 年夏，怀着坚定的信念和意志，我的同事和我看到那个梦开始成形。这一年我们决定开始去勘查湖的西岸。8 月 23 日，在一个狭窄的被季节性水流刻蚀成的沟壑附近，一个斜坡上的砾石之间，我最早的老朋友和同事卡莫亚·基穆发现了一小块古人类的头骨。我们随即开始细心地寻找这具头骨的其他碎片，我们立即找到了许多这样的碎片。其数量之多超出了我们的想像。在这些发现之后，我们总共在那里待了 7 个多月的时间。在这次大规模的发掘中，我们共搬走了 1500 多吨的沉积物。我们的发现使我们最终得到了一个人的几乎全身的骨骼。这个在 160 多万年前死于古代湖边的人，我们叫他特卡纳男孩，死时刚满 9 岁，死因不明。

骨骼化石的发现，一块接着一块。臂骨、腿骨、脊椎骨、肋骨、骨盆、下颌骨、牙齿和更多的头骨片，这确实是一次非凡的经历。这个男孩的全身骨骼碎片在地里躺了 160 多万年以后再次被复原成一个整体。人类从来没有发现过比尼安特人时代即 10 万年以前更早的像这样完整的骨架。这一发现除了使我们激动万分之外，我们知道它预示着人类对史前时代这一关键阶段的内幕会有非常深入的认识。

特卡纳男孩是直立人种（Homo erectus）的成员之一。直立人种是人类进化史上关键的一个种。从多方面的证据，即遗传上和化石上的证据来看，我们现在知道第一个出现的人的物种是在大约 700 万年前。在距今大约 200 万年前时，直立人在历史舞台上出现了，这时的人类史已经很长了。我们现在还不知道在直立人出现之前，曾经有过多少人类的物种生存和消亡过，但我认为至少有 6 个种。甚至可能有加倍的种数。可是我们确实知道，在直立人之前的所有的人的物种，虽然已能两足行走，但在许多方面是很像猿的。他的面部向前突出，脑子相对来说较

小，他们身体的形状的某些方面更像猿而不是更像人，例如漏斗形的胸廓、短的颈和没有腰部。直立人的脑子增大了，面部比较平扁，身体更为壮硕。直立人的进化产生了许多像我们身体的特征。人类的史前时代在 200 万年前时，明显地经过一次巨大的改变。

直立人是最早用火的人的物种；最早以狩猎作为生活的重要部分；最早能像现代人那样地奔跑；最早能按照心想的某种模式制造石器；最早分布到非洲以外的地区。我们不能肯定地说，直立人已有某种程度的语言，但是几方面的证据表明他们已有这种能力。我现在不知道，也许永远不会知道，他们是否已有某种程度的意识，像现代人那样的自觉意识。但我猜想他们已具有了。毋庸赘述，语言和意识是智人的最值得骄傲的性状，可是这些都没有在史前时代的纪录上留下任何痕迹。

人类学家的目标在于了解像猿那样的动物怎样转变成我们这样的人的进化事件。这些事件曾被浪漫地描绘成一出伟大的戏剧，以人性的出现作为故事中的英雄。然而实际情况却相当平凡。这种转变是由于气候和生态环境的改变而出现，而不是史诗般的奇遇。这种转变胜过其他一切事件。作为一个物种，我们对自然界和我们在其中的位置有着一种好奇心。我们想知道，而且必须知道，我们是怎样成为今天这样的？我们未来又是如何？我们找到的化石使我们的身体与过去的相联系，并要求我们去解释这些线索，其中蕴含着对我们进化史的性质和过程的理解。

到目前为止，还没有人类学家能站出来宣布史前时代的每个细节，然而关于人类史前时代的总的轮廓，研究者们的认识在很大程度上是一致的。可以肯定地说，人类史前时代存在着 4 个关键性的阶段。

第一个阶段是人的系统（人科）本身的起源，就是在大约 700 万年以前，类人猿的动物转变成为两足直立行走的物种。第二个阶段是这种两足行走的物种的繁衍，生物学家称这种过程为适应辐射。在距今 700 万年到 200 万年前之间，两足的猿演化成许多不同的物种，每一个种适应于稍稍不同的生态环境。在这些繁衍的人的物种之中，脑子的扩大标志着第三个阶段，是人属出现的信号，人类的这一支以后发展成直立人和最终到智人（Homo sapiens）。第四个阶段是现代人的起源，是像我们这样的人的进化，具有语言、意识、艺术想像力、自然界其他地方没有见过的技术革新。

显而易见，我们开始研究人类史前时代时，不仅要问发生了什么事件，这些事件发生在什么时候，而且要探究发生那些事件的原因。并将人类置于那一出展现进化过程的剧本中来。研究我们和我们的祖先，正像研究象类或马类的进化那样。我们并不否定智人在许多方面是很特殊的，例如他们与进化上最近的亲属黑猩猩有很大的差别；但是我们已开始在一种生物学的意义上来理解我们与自然界的联系。

（吴汝康　吴新智　译）

地球生命大爆炸

陈均远

1992 年，著名的《自然》杂志以澄江发现的微网虫化石作为封面，引起世人的注意。

1992 年夏季是中国云南澄江化石发掘史上成果辉煌的一年。朱茂炎是第一块完整奇虾类化石的发现者，周桂琴是第一块完整巨虾类化石的发现者。

1995 年，我在中国南京主持召开了“寒武纪大爆炸国际学术讨论会”，这是有史以来第一次以“寒武纪大爆炸”为议题的国际性学术讨论会。寒武纪大爆炸是借用炸药或原子弹爆发时的突发性，来类比寒武纪早期所发生的一次生物突发事件。

澄江生物化石群所处的时代为寒武纪大爆炸后期。从各方面的证据判断，这一爆炸事件从开始到结束，整个时间短于 300 万年，可能只有 100 万～200 万年。在短短几百万年的时间，生物大量出现，而完全没有祖先的痕迹。几百万年的时间当然很长，但用生命历史 35 亿年这一尺度来衡量，几百万年只是一瞬间。因此，澄江化石群撼动了达尔文学说。

1987 年，我和侯先光在澄江做了大规模的化石发掘工作，并根据研究成果发表一系列论文。震撼了科学界。著名古生物学家、德国的塞拉赫教授称：“澄江生物群就像是来自天外的信息……”

1990年以后，以我们中国古生物学家为主的跨国科学研究小组，为破解寒武纪生命大爆炸之谜，多次在帽天山地区进行大规模发掘活动。

1991年，陈均远等古生物学家在著名的《调查与探险》杂志发表论文，并构思了第一幅寒武纪早期的水下生命景观图，引起许多人注意。《纽约时报》根据有关科学家建议，将这一生物群列入“20世纪最令人惊奇的发现之一”。

在古生物学中，一直有一个很吸引人的大谜题，那就是到底有没有发生过寒武纪大爆炸。现在澄江生物化石群证实，大爆炸事件在5.3亿年前确实发生过。按照进化论的说法，现代生物有共同的祖先，生物的进化是渐变的。但是，从隐生宙到显生宙，怎么会突然出现那么多的生物呢?

演化生物学正在酝酿着一场科学革命，寒武纪大爆炸学派是这场科学革命的主导者，正一步步地撼动自达尔文以来所建构的演化科学框架。这场革命与演化物理学、新热力学及复杂科学的合流势在必行，新的演化理论不久即将出现，并最终发展成为一个新的科学理念。

科学家们的解释不一，说明对于寒武纪早期生物群的研究，到目前为止还只是处于初步的阶段。科学界对于寒武纪大爆炸之谜的探讨，目前所触及的也只是群山的一隅——帽天山。帽天山附近还有许多重要的化石产地，有待于进一步发掘和研究。已经采集到的化石显然只是当时生物群留下的极小的一部分，目前对其生命的含义也只是略窥而已。只有不懈地努力和研究，才可望揭示这个远古生命世界的奥秘。

这是一个探求地球生命奥秘的课题。

中国云南澄江生物化石群的重大发现，为人类探求这个课题提供了珍贵的科学材料。

五、生态博览

生命的网络

侯学煜

1957年我曾参观苏联一处“生物地理群落”研究站，即相当于现在所称的“生态系统”研究站。在落叶栎林里，看到一棵栎树完全用网子网起来，与邻近未网的同一树种做对比观察。经过4年的试验，被网的那棵树的叶子变成光秃秃的，而未网的反而枝叶茂盛，生长得欣欣向荣。这是为什么？因为昆虫可以通过网眼飞进去，而昆虫的天敌——飞鸟却飞不进去，所以昆虫在网内自由自在地吃树叶，越吃昆虫繁殖越多，直到把叶子吃光为止。而暴露于自然界的没网的树，虽也有昆虫吃树叶，但同时由于飞鸟也在不断地吃昆虫，这就保持了自然界的生态平衡状况。人们把树网起来，是破坏自然生态平衡的一种行为，就好像打死大量鸟雀破坏自然界生态平衡一样。

1979年2月，我们到广东新会调查，在郊区看到一处四面环水、面积约106平方米的一片“小森林”，实际上是一棵榕树。这片“小森林”，当地人叫做“小鸟天堂”，从明朝末年至今400年来，地方上一直传统地派有专人看管，不准任何人进入林内，这就使它成了一个小小的“绝对自然保护区”。据看守人告诉我们，那里有形形色色的小鸟飞来飞去：有些早出晚归，有些晚出早归；还有些每年8月到次年2月飞往南方，2月到8月又飞回来。正是因为有了这样一块小小的“自然保护区”，飞鸟在森林内有吃有住，不受人为干扰，所以就形成了“小鸟天

堂”。这是保持自然生态乎衡的一个生动事例。

1979年9月，我到吉林长白山自然保护区去考察，在那里做研究工作的王战教授告诉我，红松落叶阔叶混交林内有许多昆虫靠吃树叶草叶而生活。一个人每天在林内可以捉到百来个做补药的哈时蟆，还可以捉到药用的癞哈蟆（分泌蟾蜍），它们和飞鸟、鼠类都吃昆虫。而松鼠、灰鼠吃红松种子，黄鼠狼吃松鼠，紫貂又吃松鼠和黄鼠狼。那里还有许多野鹿、狍子、獐子、野猪，也是靠吃树叶、灌木叶、草叶和苔藓为生，并以森林和草地为住所。狗熊和东北虎就以这些食草动物为食料。东北虎特别喜欢跟在一群野猪后面走，当地人称它为“野猪倌”，一等到个别野猪落了队，东北虎就把它抓住吃掉。由此可见，动物与植物、动物和动物之间的关系一环扣一环，互相制约着。如果砍掉红松落叶阔叶混交林，就不会有昆虫，两栖类动物、鸟类、鼠类、食草动物以及食肉动物，那些药用动物、皮毛兽和珍贵稀有动物也就没有了。

这类针、阔叶混交林的乔木本身经济价值很高。红松既是珍贵木材，松子又是美味的干果。阔叶树中的木材有的轻软，有的纹理美丽，有的材质致密，坚硬而有弹力，可制乐器、雕刻材料和机构部件、胶合板、纤维板等。黄蘗树皮可供药用，胡桃楸果可供食用、医用。林内猕猴桃是富含维生素C的水果，山葡萄可酿酒。此外，椴树花是头等蜜源植物，那里出产雪白的椴树蜜，林下出产世界著名的药材——野生人参。榆树和其他老树干上还生长着各种美味的蘑菇。因此，针、阔叶混交林不仅为我们提供优质木材，而且能给我们美味的松子、蜂蜜、人参、蘑菇、野葡萄等资源。

这里特别要指出的是，森林内有厚厚的一层苔藓和半腐烂的树叶。大雨后，雨水渗入地被层中，可以保持几天才慢慢地流出。长白山是松花江、鸭绿江、图们江的发源地，这里的森林正是这三条江的水源林。

在这一温带湿润气候下的针、阔叶混交林内，森林植物利用大气中二氧化碳，吸取土壤中的水分和营养物质，在叶绿素内不断地把太阳能转化为化学贮藏能，即转变为碳水化合物、蛋白质和脂肪，森林植物靠着日光，把水、土壤矿物质变为有机物。草食动物吃植物，肉食动物又吃草食动物；动植物残体经过微生物分解后又变为土壤矿物质，供植物吸收和利用。同时森林既需要水分生长，又能保持水分。因此，森林中各种物质是不断地循环着的。

上述事例说明，森林中植物、动物、微生物等生物因素或成分，与土壤、水分、大气、日光、湿度等非生物因素或成分，不是各自孤立存在着，而是相互联系、相互依存、相互制约的。每一个因素既受到周围各种因素的影响，也反过来影响其他因素，如其中有一个因素成分有了变化，其他因素或成分就会发生一系列的连锁反应。这些错综复杂的因素或成分，在自然界中就构成了一个不可分割的统一综合体。这个综合体就叫做森林生态系统。

瑞典“斯堪森”

赵野木

这是建立在斯德哥尔摩的世界上第一座露天博物馆，它为瑞典保存下了不少民俗以及社会经济方面的古老文物，并给人们创造了一种生动的娱乐场所。

斯堪森露天博物馆位于斯德哥尔摩市的基尔哥登岛上。所谓“斯堪森”，含有“小城寨”的意思。过去不仅城堡别墅错落其间，而且一直就是皇室的狩猎之地。附近环境优美，景色秀丽，丘壑起伏，林本蓊郁，波光水色，尽收眼底。

斯堪森露天博物馆占地约 30 公顷。它集中了瑞典全国各地不同风格的古建筑，共 130 多栋。其中包括农民家庭（83 栋）、城市街道、手工业作坊（15 栋）、庄园主家庭、教学和钟楼（30 多栋）。在一些手工业作坊里，还有少数穿着古装的人们进行各种操作，再现出当时的生活景象，并向旅游者出售各种制得的成品。在露天剧场和广场上，不断演出戏剧、音乐和民间舞蹈。一些传统的民间节目活动，旅游者可以自由参加。园内风景优美，旅游者不仅可以参观两个大型动物园，而且可以饱享大自然的美。

创建这个博物馆的是一位研究历史的教师，名叫哈契利乌斯。他鉴于古建筑和传统的生活用具因为 19 世纪后半叶的工业兴起而日趋泯灭，于是他从 1872 年开始搜集古老的家具、服装等。经过他个人的多年努力．这一别开生面的斯堪森露天博物馆终于在1891年正式诞生。这是世界上的第一个露天博物馆。

馆内的布置内容及其活动如下：

①农民家庭。瑞典的森林覆盖面积占全国总面积的70%以上，因此举凡建筑、生活用具，广泛地利用木材。斯堪森露天博物馆把全国各地不同风格的农村房舍整套地移建过来，其中包括16世纪至19世纪的富农、雇农的住房、堆房、库房、畜舍、酒窖等。

②钟楼、风车与谷仓。在各种建筑中间，点缀着两座钟楼、3座风车和一些木结构的谷仓。这些饶有情趣的建筑，为整个布局增添不少古典的特色。

③芬兰移民的家庭、屯田兵营房、矿山经营者的家庭、庄园主宅邸以及樵夫的板房。不分大小巨细，都是如实重建，其中人物的生活情景，完全一如其旧。斯堪森露天博物馆的这一创造性的布置，为瑞典历史真实面貌的复原，提供了大量的参考资料。

④拉普人是居住在斯堪底纳维亚半岛北部的少数民族，饲养驯鹿，在山间谷地过着传统的游牧生活。斯堪森露天博物馆另辟一隅，专门布置拉普人的原有生活环境，并有一些拉普人在其中过着他们的传统生活。

⑤古老街道的复原。从全国各地把各种不同风格的街巷搬来。这些街巷是由店铺和作坊组成的，诸如铁匠炉、药材店，以及陶瓷、玻璃器皿，木梳、鞣皮、金银首饰镶嵌、印刷装订和面包作坊。此外还有银行、学校。当然，所谓银行，也是古代市镇上的小银行，而学校则是把几个年级的学生集中在一间教室里讲课的老式学校。所有这些店铺和作坊的工人，都是身着古装，手持古老的工具，在蜡烛或者油灯下精心制作。他们制成的成品，便作为土特产品出卖给旅游者。旅游者漫步街头，宛如置身于数百年前的市镇当中，怀古幽情，油然而生。

⑥古老教堂与结婚典礼。一座250多年前的古老的塞古露拉教堂，

矗立在斯堪森露天博物馆的中央。人们不仅把来到这里作礼拜、弥撒、欢度圣诞节引为一大快事，而且总把能够在这里举行结婚典礼，当做一生当中最值得夸耀的事情。在古香古色的祭坛、风琴、时钟、吊灯所烘托出来的庄严肃穆的气氛当中，新婚夫妇接受神职人员的祝福，给他们留下了最美好的回忆。

⑦节日活动。地处北欧的瑞典，春寒料峭，每年 6 月，才开始农耕。农民们为了祈求丰收和幸福，就把 6 月 24 日当做一年当中最为隆重的节日。这一天的白天最长。午夜十一二点钟，太阳才徐徐落山。四周的一切被夕阳的余辉所映照，依然可以清晰地辨别它的轮廓。这就是奇妙的“白夜”。过不多久，旭日又从地平线上升起来了。每逢这一天，从四面八方聚集到斯堪森来的男女青年们，围绕着用鲜花、缎带装饰起来的桦木杆，尽情地欢舞歌唱。

每年 12 月 13 日，是瑞典传统的“露西亚女神节”。这一天的夜晚最长，达 20 来个小时。奇丽的北极光不时划破迷蒙的夜空。传说，“露西亚女神”在这一天夜晚降临人间，为人们带来光明。从此，漫漫长夜就一天比一天短了。这一天晚上，斯堪森再一次成为欢乐的海洋。姑娘们穿着象征光明的白色连衣裙，装扮成“露西亚女神”。围成一圈又一圈的少男少女互相对歌，婆娑起舞，驱赶黑暗，迎接光明。

罗马尼亚乡村博物馆

李宁来

这是罗马尼亚的国土与历史的真实缩影，你能从中了解到罗马尼亚人民的辛劳、智慧与勇敢。

在布加勒斯特赫洛斯特勒乌湖畔，有一座介绍罗马尼亚农村建筑艺术、民间艺术和农民生活习俗的露天博物馆。

这座博物馆始建于1936年，在10公顷土地上，坐落着从罗马尼亚各地农村搬迁来的18世纪、19世纪的农舍、教堂、手工业作坊、风车、水磨等，其中有40多个完整的农家院落，包括了贫农、富农、乡村教师、作坊老板、神甫等各个农村阶层的家庭。整个博物馆里，摆设着2.15万多件农家使用过的实物，从笨拙简陋的犁、耙、风箱，到玲珑剔透的民间陶瓷工艺品，应有尽有。这些风格迥异的建筑物从罗马尼亚各地农村原封不动地搬迁来，然后又恢复其原来的风貌，既富有民族特色，又独具地方色彩。

穿过半圆形的木制拱门，仿佛一下子回到了18世纪的古老的欧洲。博物馆里最高的建筑是一座从马拉穆雷什地区搬迁来的小教堂，高60多米，周圆80余米，纯木制结构，卓然独立，直摩苍穹，据说它已有250年的历史。这座小教堂诞生于奥斯曼帝国统治最暴虐的年代，又是废除农奴制度的见证者，可以说是罗马尼亚反抗外来侵略，争取国家独立解放的象征。

博物馆里最古老的一所农舍是从萨图马雷县搬迁来的一个殷实农民的家。它建于18世纪80年代，全部为木结构，高大宽敞，尖脊斜顶，冬暖夏凉，是喀尔巴阡山区典型的防雪农舍，木房内有一间陈设讲究的会客室，地上铺有罗马尼亚特产的厚地毯，四面墙上悬挂着花色斑斓的壁毯。在右侧的卧室里，陈列着女主人为女儿准备的嫁妆。花衬衣、长裙子、毛围巾、皮坎肩上都有金丝、银丝线刺绣的云雀、花朵图案，真堪称巧夺天工。

由戈斯波达莱地区搬迁来的采阿乌鲁的房子，房主人是一位乡村学者，门前种植着一片桃李树。绯红的桃花盛开时，成群的蜜蜂在花间嗡嗡飞舞，把掩映在红花绿树的木房装扮得既幽雅，又秀丽。进入房门可以看到一个古老的壁炉，两旁是一排敦实古朴的书橱。木房里生活起居的陈设十分简洁。褪色的书桌旁边有一把椅子已经开缝，书桌上铜烛台上尚有残存的烛泪。

由于受到异族入侵者的长期欺凌，并经历过列强们的争夺战争，19世纪后期、20世纪初叶的罗马尼亚人民处于水深火热之中，田园荒芜、民不聊生。从多尔日县搬迁来的玛尔达莱斯蒂家，就是当年罗马尼亚人民在痛苦中挣扎的写照。这是一个半地窖式的窝棚，半截房子埋在土中，半截房子披着茅草。弯腰钻进破旧不堪的木门，堂屋里就是一个炉灶，两侧土屋里是低矮的土炕，炕上铺着一块破烂的毛毯，长期的烟熏，使这个空荡荡的小土屋又黑又湿。

佛朗恰地区的农舍，有些与众不同，每个院外都有一个小阁楼式的建筑。这是一种叫做“美林达尔”的食物存放处，里面放有面包、奶制品和水果，不论主人在家不在家，过路人都可以随便拿着吃，连声招呼都不用打。

从盛产葡萄、李子地区迁来的院子，里边大多有做酒用的轧机和储酒用的大酒窖。由临近黑海的多瑙河三角洲地带搬迁来的房屋，都有简单的“桑那浴”设施。在住房后边，有一间小屋，放着一块大石头，用火加热，往上泼水，人们坐在旁边，热气一蒸，满身大汗。这是外出打鱼人们健身的法宝。

这座独具一格的乡村博物馆，每年要接待30多万名观众。

英国工业革命的摇篮

黎先耀

英格兰南部塞汶河流域，绿地如茵，牧草丰茂。这里农村的土地，大部分被树篱、石墙或铁丝桩围隔着，还是“圈地运动”遗留下的痕迹。这不由得会使人想起资本主义初期，英国农民所遭受的“羊吃人”的悲惨掠夺。穿过这片富饶的平原，进入斯洛普郡的山谷特尔福，有座叫克尔布鲁科达尔的城堡。如今这里虫鸣鸟啼，已是幽静的旅游胜地。18 世纪时，这里由于煤铁资源集中，又有河流可供运输，曾是沸腾的英国工业革命的发源地。沿着这山清水秀的塞汶河谷逶迤约 5 千米的地区，已经建立起了一座远近闻名的工业革命遗址博物馆，也称铁桥博物馆。

离塞纹河不远的地方，就是亚伯拉汉·达比的冶铁博物馆。首先映入观众眼帘的是一火车皮焦炭，因为亚伯拉汉·达比的名字是与用煤作燃料炼铁的技术联在一起的。18 世纪以前，英国炼铁都是用木炭做燃料，炼一吨铁需用两车木炭，而烧一车炭财需两车木材。英国本来森林资源就不丰富，冶铁业又如此大量消耗木材，木材短缺又影响舰船制造，这大大限制了英国冶铁工业的发展。1709 年，亚伯拉汉·达比利用英国储量丰富的煤，首次在这里用焦炭作燃料炼铁，取得了成功。特别是瓦特发明的蒸汽机用于为炼铁炉鼓风以后，炉温提高，杂质减少，优质铁产量大增。因此，博物馆里特别陈列着当时的鼓风机，以显示它在炼铁过程中的重要作用。

达比发明的焦炭炼铁技术，保证了纺纱机、织布机，特别是蒸汽机和以后的各种机床制造所需要的大量钢铁。这大大推动了英国工业革命的浪潮。这座博物馆里陈列着亚伯拉汉·达比一家所制作的各种实用而又精美的铸铁制品，如栅栏、管道、熨斗、灶具等。乔治时代英国建筑的一个重要特点，就是使用铁铸的栅栏，这也正是英国冶铁工业发展的结果。

人们参观了冶铁博物馆，就可以沿着塞汶河谷漫步。河两岸风景优美，草木葱茏，河中水流清碧。河上横跨着一座秀丽的铁制“长虹”，这是1779年架起的人类历史上第一座铁桥。桥梁主要铸件长达23米，在200多年前要铸造这样大的铸件，确是很了不起。亚伯拉汉·达比的孙子改进了铸铁技术，为这座壮观的铁桥提供了工程所需的铸件。这座铁桥20世纪30年代以前还能通行汽车。此后，为了保护这座有历史意义的铁桥，就只许行人过往了。铁桥附近河边还停泊着世界上第一艘铁船。靠着山坡，静静地并肩矗立着3个用焦炭炼铁的高炉。这座铁桥，这艘铁船，都是用它们炼出的铁水铸造的。

沿着塞汶河谷信步走去，那里露天分布有铁路路卡、印刷所、制蜡作坊、修鞋铺、炼铁炉以及厂主和雇工的住房等。周围看不到一块现代的广告，连路灯都是当时铁制的煤气灯，完全再现了18世纪英国工业革命时代的风物。人们在印刷所里可以看到一个狄更斯时代打扮的手工业者，操纵着一架原始的版印机，他把印出来的东西当作纪念品出售。前面的制蜡作坊里，一个姑娘用棉线做烛芯，浸在熔化的蜡管里，冷却后取出蜡烛，也卖给观众留作纪念。那里路边有一间小屋，是当年铁路收取使用费的路卡；里面的工作人员穿着早年铁路员工的制服，屋里的陈设依旧保持着旧时的风貌，壁炉里的柴火正在熊熊燃烧，给人以一种回到往昔岁月的感觉。

1959年纪念达比发明焦炭炼铁250周年时，英国工业考古专家麦

尔克·里克斯提出建立工业革命遗址博物馆的创议后，社会各界，包括学生和军人等纷纷响应，积极支持，并且成立了博物馆爱好者联合会，假期经常有学生前来参加义务劳动，从事清理现场，拆运机器，保管安装等工作。

这座遗址博物馆于1968年正式建成，接待游客。为了向观众提供更多的关于英国工业革命的知识，于1978年在这里成立了工业考古学院，承担有关工业技术发展史的研究项目。博物馆除了为科技史专家提供研究条件外，也面向中、小学生，现在参观塞纹河谷这座工业革命遗址博物馆，已列入英国中小学教学科目中的一项重要内容。

人们参观这座18世纪遗留下来的工业革命的历史遗址，会对当今新的工业革命浪潮的到来，引起深深的思索。

开罗法老村

章　谊

“法老村”位于开罗喧闹的市中心以南数千米处，坐落在尼罗河中的雅各布小岛上。旅客一登上开往雅各布岛的游船，导游就严肃地向人们宣布：“游船起动了，时钟已经开始逆转，历史在倒退，一直倒退到5000年前的法老时代。”

游船绕小岛漫游一圈，其后人们便舍舟登岸，进入与埃及现代文明生活迥然不同的另一个古老的社会。这个被几千棵大树覆盖的小岛，环境幽雅，不见开罗市区的高楼大厦，也不闻繁华城市车水马龙的喧闹。在这片占地13公顷的法老村里，一幕活的历史画卷展现在人们的面前。

法老村模拟了几千年前古埃及人的生产和生活情景。这里建有古代的神庙、奴隶的草房以及贵族的住宅；村四周还塑造了十几座古埃及人崇拜的“尼罗河之神”。村里，300多名经过训练并熟悉古埃及历史的艺术学院学生，身穿法老时代的服装，在那里从事各种劳动。有的在使用木锄、木犁耕种，有的在用桔槔提水灌溉，有的在和泥制作砖瓦和陶器，有的在用茅草和树皮扎船；还有的在用石头磨麦，用土炉烤饼。在村里还可以看到收获后，奴隶向奴隶主交麦的情景，陈列馆里还展出了古埃及贵族妇女正在梳妆打扮的蜡人模型。

埃及是一个历史悠久的文明古国，早在公元前3200年就进入了奴隶社会，形成了统一的国家。古埃及人称历代王朝的国王为“法老”。

因而人们又称古埃及为“法老时代”。法老时代的社会也犹如一座巨大的“金字塔”：塔顶是被奉为神明的法老，其下是大官吏、祭司等组成的权贵集团；再下层是中等自由民，即富人、中小官吏和奴隶主；广大的穷苦奴隶被悲惨地压在最底层。游人来到法老村，仅用一两个小时，便可领略一番古埃及的社会风貌，因此深受旅客的欢迎。

开罗这处重现纪元前古埃及社会生活的法老村，是埃及旅游与考古学界精心设计建造的一个别开生面的揽胜之所，也是一所独具匠心的历史课堂。法老村的创建人哈桑·法赫米·拉加布先生，是中国人民的老朋友，曾在20世纪50年代出任过埃及驻中国大使。他还在尼罗河边一艘废置不用的旧游船上，建立了别具一格的巴尔迪纸草博物馆。在这艘船上，埃及人利用雅各布岛上盛产的巴尔迪纸草和古老的造纸设备，成功地再现了法老时代的象形文字，并在船上建立了造纸研究所。那里也是到开罗的外国游客必去观光的一景。

日本明治村

陈月霞

明治（1868—1912年），是日本近代史上一个激荡的年代，是日本现代化的发端。日本人将明治时代有代表性的建筑物，集中移建在名古屋郊外一处风景优美的地方，取名“明治村”。

明治村东临入鹿池，西依尾张富士山，错落有致地蜿蜒在100万平方米的低山丘陵之中。入鹿池像是点缀在明治村中的一颗翡翠，尾张富士山仿佛是明治村的一道天然屏障，将明治村衬托得壮丽多姿。

明治村1965年开馆，馆内有7个自然区域，有57座建筑物。其中包括县厅郡舍、学校教室、医院、监狱、银行、教堂、工厂、住宅等。

到达明治村，人们首先看到的是古色古香的铁门，中间的两座门柱上各挂一块牌子，左侧的牌子写着“明治村”，右侧的牌子写着“第八高等学校”，这座铁门就是明治村博物馆的第一件展品——原是名古屋的第八高等学校的大门。这是一座西洋式大门，也是明治时代高等学校校门的代表作，它体现了当时日本积极向欧美学习的时代特色。

进入明治村，展现在眼前的，是一派明治风情。在明治时期神户港有名的“大井牛肉店”里，顾客熙攘，牛肉飘香，人们正在品尝日本的传统佳肴——“锄烧”。“锄烧”的起源很早，因将肉放在锄地用的铁锄上烧烤而得名。京都7条巡查派出所以收容迷路儿童闻名。派出所门前，站着一位身佩警刀的明治巡警，和蔼可亲地维持着“明治村”的秩

序。宇治山田邮电局里，观众正在购买明治四年（1871 年）开始发行的 4 种双龙邮票，人们争先恐后地把一封封盖着“明治村博物馆”邮戳的明信片，寄往世界各地。札幌邮电局、安田银行会津支行、高田小熊照相馆、池田市著名地方剧剧场“吴服座”、知多半岛上保持传统民俗习惯的男女澡堂“半田东汤”……一座座明治时代建筑鳞次栉比；漫步其间，恍如真的回到了明治维新时期。当观众乘上日本最早的市内电车京都市电时，明治装束的乘务员幽默地告诉乘客：“明治村”新干线将以每小时 10 千米的“高速”驶往东京品川。原来它的终点站是移建此地的东京品川海滨的一座领航灯塔。

明治村的一幢幢西式建筑，使人感受到一种强烈的西方情调，自然地联想起明治时代追求西化的风尚。然而在明治村里，人们却惊奇地发现：美国人设计建造的教堂内部，却是地道的日本式竹帘天棚；当时被称作国际城市的神户的西洋人住宅，也是西洋式主楼与日本式配楼的巧妙结合。几乎所有的西洋式建筑里都有“和式”居室，大多数西式建筑的屋顶，也都是日本的“合掌”型结构。从中可以看到日本民族在汹涌而来的外来文化洪流中，如何巧妙地保持了自己民族的特色，将外来文化融化在本地的风俗中。

转过一座小山丘，在一条涓涓溪流旁，茂密的林木笼罩着一座宁谧的日本式住宅，它是明治村时期日本著名文豪森鸥外和夏日漱石先后居住的宅邸。这座建筑原在东京文京区千驮木町，1891 年起森鸥外在这里居住 3 年．在这座小屋，他创办了日本最早的文学评论刊物《堰水栅》。1903 年夏日漱石借居于此，在这里写出了在日本近代文学史上独放异彩的不朽杰作《我是猫》。这座住宅也因此被人们亲切地叫做“猫之家”。明治村里学校建筑之多引起了人们的注意，三重县藏持小学校舍、千里赤坂小学礼堂、第四高等学校理化教室……整个明治村 50 多座建筑中，学校建筑竟有 7 处。当时的日本政府对普及教育甚至采取了几乎是强制性的政策。然而正是这项坚决的普及教育的政策，成了日本在短时期内成功地赶上技术先进的西方国家的最主要的原因之一。

明治天皇使用过的专车以及日本最早的有轨电车、蒸汽车也在这里展出。博物馆内还有一座机械馆，展出了明治初年的足踏缫丝机、津田式织机和蒸汽发动机等，这些展品代表着明治机械工业发展的历程。

明治村的建筑来自北海道、本州和九州的许多县市，有的还是美国夏威夷和巴西的日本移民的集会厅和住宅。明治村使人们看到了已经消逝了百年之久的社会，了解了过去的日本怎样进行维新，有助于认识今天的日本是沿着怎样的一条道路发展过来的。

南投访九族

郭伟锋

一

台湾唯一不靠海的县市是南投县，据说，南投县的“最”字最多。拥有全台湾最有名的湖——日月潭；矗立全东亚最高峰——玉山；处在全台湾岛最中心；原住民最大的山地乡也在境内。我四度访台，三赴南投，最感兴趣的是访问九族文化村。

九族文化村位于鱼池乡，距离日月潭不远，占地约 62 公顷，是台湾当时私人经营规模最大的民族文化观光游乐区。观光游乐区大致可分三个部分，第一部分是欧式宫廷花园，草地宽阔，绿树环绕，鲜花簇拥。第二部分是音乐喷泉，水珠如线，泉水叮咚，悦耳动听。第三部分是观光游乐区的精华所在。推开刻有图腾雕像的木栏杆，穿过一根根造型似人、似鹰、似兽的木柱，我看到了路旁的一块万山神石复制品。

万山神石位于南台湾峦峰深处，又叫孤巴查呃岩雕，是 150 年前山地民族的作品。当地的鲁凯族人流传着这样的故事：喔布诺霍部落的拉巴兀赖家长男理达格，娶了北方布农族雁尔部落的女孩荷丝为妻，夫妻恩恩爱爱。农忙时，荷丝负责煮饭，在家人下田劳作时，她会吹响口号招引蛇类前来。放进炉里与甘薯焖熟，趁家人未回自己先食蛇肉，把甘薯留给家人。但是，有一天家人发现了她的行为，认为亵渎了神灵而不能谅解，她只好离开家。她想夫君很爱自己，一定会来带她回去，于是就在孤巴查呃岩下等他，无聊时就用手指在岩石随意画着图案。等啊等，夫君始终没有来，她只好回娘家去了。雁尔部落认为这是莫大的耻辱，从此本来和好的两个部落开始了无止境的相互杀戮。

这则短短的故事解释不清岩画的由来，但是却明白地告诉人们，旧时台湾的少数民族，信仰不同，习俗不同，矛盾尖锐。

通常把原住台湾岛的少数民族称为高山族，来源是大陆东南沿海古越人的一支。自汉族居民移住台湾后，原住民族分化为两个部分，一部分定居平原。称为平浦人。包括西拉雅、洪安雅、巴布萨、巴则海、拔浦拉、道卡斯、凯达格兰等族。另一部分定居山区，至今保留着原住民族的语言、风俗、习惯的特点，现在所说的高山族，多是指这一部分。台湾当局在 1954 年 3 月 14 日发布规定，高山族包括：泰雅、赛夏、布农、曹、鲁凯、排湾、卑南、雅美、阿美九个族群。这九个部族的居住生活环境，在观光游乐区内都一一体现出来了。

第一村反映出了雅美人的生活环境。雅美人过着半渔半农的生活，多群居在背山靠海的坡度不大的山坡地，渔船是重要的生产工具。

第二村是阿美人的居住地，他们喜居平地，为母系社会，与其他族系的父系社会不同，而且生产方式已进入水田牛耕的阶段。

第三村则为泰雅人的大本营。泰雅人尚武好战，过去有猎头的习惯。黥面也是泰雅人的特殊风俗，在面部刺上花纹是种族标志，也是吸引异性的特征。

第四村是赛夏人的村落，赛夏人善长竹编工艺。

第五村划为邹人、邵人的居住环境展示地。邹人即为曹人，制革是其特有工艺之一。

第六村是布农人。

第七村是卑南人。

第八村是鲁凯人。

第九村是排湾人。

一村一村地看下来，虽属走马观花，但收获的确不小。起码对高山族有了概貌性的认识和了解。

我看见，排湾族住的是石板屋，一块块小石板纵横交错地垒着，并无灰浆之类的掺合，但十分坚固，据说，这种低低的小屋，冬暖夏凉。而卑南族的木屋，则高高在上，颇类似云南傣族的竹屋，非常精致。有趣的是，一些老头、老太太身穿各自民族的服装，或织布，或雕木，悠然自得，任随游客拍照。美丽的姑娘们在木闺楼上放声高歌，吸引了许多游客，围着楼脚团团转，无奈楼太高，不见姑娘真面目。

二

在一堵石墙面前，我被眼前的景象所震撼，一副副颅骨分为几行排列着。这是高山族的特有的墓葬吗？然而，我却分明从深幽的眼眶内看到了历史的愤怒。当年，南投的高山族首领、抗日英雄摩那·罗达奥的头颅不就是被摆在台北帝国大学，当做“标本”示众吗？

距离鱼池乡不远有一个仁爱乡，仁爱乡有一处地方叫雾社，海拔1149米，崇山峻岭，群峦环抱，闻名于世的雾社事件就发生在这里。1930年10月7日，马汉坡社首领摩那·罗达奥正为儿子主持婚礼，日本警长吉村刚好路过，摩那儿子达拉奥便给吉村敬酒，吉村见达拉奥手上有猪血，就故意刁难，用手杖打摩那。达拉奥见父亲受辱，当众打了吉村。日警扣留了摩那并毒打，达拉奥联合同族青年杀死吉村。摩那知道日本人不会罢休，决定举行武装起义，他亲任总指挥，任本族青年花冈一郎为“统帅”，自己的两个儿子为骨干，联络六社山胞起义。

10月27日，雾社一带的日本人在雾社公学操场举行一年一度的秋季运动会，起义者1500多人包围了操场，达拉奥等人冲进去杀死日本人 134 人，伤 250 人。起义消息震动了台湾，日本台湾总督发出“讨伐”谕告，日军动用飞机、山炮、毒气残杀起义民众，死亡者达 700 多人，浩皋、东巴拉吟两社的民众全部被杀害。

宁死不屈，失败后的雾社人，用自杀来表达了最壮烈的斗志。

花岗一郎和花岗二郎在部落里从小就显得才智出众，为了笼络人才，日寇先后把他们送到“番童教育所”、“埔里寻常高等小学”接受日本奴化教育。但是不管日寇如何笼络他们，他们目睹日寇罪行，反日思想早已萌生。所以，积极参加了雾社起义。

起义失败后，花岗一郎和花岗二郎决定自杀以示反抗。在自杀的前夜，花岗一郎说：“我与我的同族将和日本战到最后一人，如果我的尸体在战场上被日本人发现了，也许对于我们山地人的教育有很大影响，也许日本人将不再允许我们的同胞进高等学校了，但是，接受日本人的招降是绝不可能的事。”

花岗二郎也说：“这次事件是绝对正确的，我们没有错，我们和日本人同样是人而不是供奴役的畜牲，是日本人逼我们选择了反抗的路线。”

在一个悲愤的夜晚，可以想像，高山之巅，月黑风急，满山落叶发出极大的悲声，满山林木仰着痛苦的头颅。一郎先行自杀，他的家人和二郎穿上民族的红色盛装，为一郎亡魂举行祷告仪式，然后全体自杀。

10 月 30 日，摩那·罗达奥带着妻子、妹妹、儿媳、女儿、外甥和孙子等 111 人，到自己平常耕作时用的小舍中，说道：“与世永别了，你们先到祖先那里去相会，我马上就带着三八式枪到族人、日本人都无法上去的山谷断崖，选择一个敌人找不到尸体的地方去。

英烈一去不复返！

今天的雾社山胞还没有忘记英雄前辈，街道边修筑着大理石的牌坊，上面的“碧血英风”四字，就是一座抗日纪念碑。冬末春初的雾社，樱花灿烂，红如血染呀！

在日本人侵占台湾的时代，高山族同胞进行了不屈不挠的浴血奋斗，做出了重大的牺牲。如 1912 年大溪镇的泰雅族人民发动的斗争，打死打伤日军 500 多人。太鲁阁的 1 万多泰雅族人从 1896 年起进行了 20 多年的抗日斗争，击毙击伤日军近千人。

可惜的是，在九族文化村中无法深入了解九族同胞的抗日史，因为景点的设置与史料的介绍都是不足的。也许我的要求太高，娱乐的地方毕竟不是历史博物馆。但是，如果有那么一点点，对我来说，是多么欣慰的事啊！

美国普利茅斯移民村

祝一新

1620年9月16日，一艘名叫“五月花”号的商船，载着102名男女乘客，离开英国普利茅斯港，横越大西洋，驶向遥远陌生的新大陆——北美洲。这是一批在英国遭受宗教迫害的清教徒，他们准备付出任何代价，去寻找一个可以使他们享受信仰自由的新世界。经历了千辛万苦之后，他们终于抵达了现在美国马萨诸塞州的科德角。经过一个多月的勘查，在1620年12月21日找到了一个可以登陆的海湾。他们发现这里很适于居住，因此全体移民就决定在此定居，并且将这里也定名为“普利茅斯”，以纪念故国的港口。美国独立前的历史的第一章，就是这样开始谱写的。

1627年，清教徒们建成了第一个移民村，这个村庄在行政上作为一个独立的团体而存在，延续了将近70年。直到1692年，它才成为马萨诸塞海湾殖民地的一部分。

由于普利茅斯在美国历史上具有如此重要的意义，所以成为一个纪念区，保留着很多当年的遗迹。1627年的移民村，已完全复原重建。这座大西洋海边的小城，现在是以其历史价值，吸引着世界各地的游客。

这是一个典型的美国东部的小城。一栋栋漆成各种颜色的小房，中间被草地花圃隔开，非常整齐美观。在普利茅斯湾海滨，有一花岗岩巨

石，据说这就是清教徒们最初登陆时踏过的石头，上面刻记着“1620”的年代，后来美国人还修了一座漂亮的石亭来保护它。这块有名的“普利茅斯石”，是美国立国史上的一件重要文物。

离石亭不远，海里停泊着一艘旧式帆船，这就是“五月花”号的复制品。原来建造于英国，1957年驶来此处展览。由于真正的“五月花”号早已不存，又没有留下任何记录或图纸，所以设计师是详细研究了17世纪商船的外形和结构以后才动工建造的。这是一艘三桅船，载重181吨，全长32米，宽7.7米，吃水深4米。这艘船的桅杆上飘扬的是英国国旗。船上还配备有船员，穿着17世纪粗麻布制的水手服，在向游客介绍“五月花”号的情况。

“普和茅斯石”后面的坡地，就是移民们在第一个冬天埋葬死者的场所。现在死者的骨骸都被收集起来，合放在一座有花纹雕刻的大石棺里。他们生前共乘“五月花”号航行，死后也就长眠在一起。石棺的一面刻着死者的姓名——有的是全家的姓名。另一面刻着悼词，“在疲乏、痛苦、饥寒交迫之中，他们奠定了一个国家的基石……”在石棺附近，有一座站立在花岗石上的印第安人的青铜雕像。

在南郊的伊尔河畔是复原的移民村。整个村落都是根据文献和考古材料详细考证以后建造的。

在进入村落之前，观众先在接待室看一场配乐幻灯，内容是概括地介绍“五月花”号的航行和移民村的历史。放映完毕以后，讲解员非常诙谐地补充说：“这村里还住有当时的移民，他们是英国人，知识还停留在1627年的水平上，因此你们可以向他们询问有关移民村的任何问题，但是他们不知道有美国，更不知道汽车、电视和计算机，所有牵涉到后代的问题他们将无法回答。”观众听了以后都笑起来，这种新奇的活“古人”展览一下就激起了人们的好奇心。

走出接待室就看到了村落的全景，它建筑在面向大西洋的一片斜坡上，周围有木栅墙环绕着。进入村子以后有一条大路，大路两旁，就是一栋栋小木房，木房周围，是种蔬菜和玉米的田地。有几个穿着古老英国农民服装的男子，正在劳动，走进一座木屋，全家就是一间房子。一个妇女穿着麻布长裙，梳着发髻，正用木杵在石臼里舂玉米粉，还有一个年龄大一点的，坐在炉火旁补衣服。整个房子里完全是一幅 300 多年以前英国农村生活的恬静画面。

原来住在村里的人，都是展览馆的工作人员。他们每天早晨来上班，等参观的人走了再下班，不过他们都尽量让人相信他们真正住在那儿的。这些“移民”，同他们所要表现的先辈一样，说着詹姆士一世时的英语，用弓形的扁担挑水，用原始的农具耕作，用独轮手推车运输，用柳条和泥做成的烘炉烤面包。手持火铳的“民兵”按时操练，村民们不断地建造房屋。劳动之余，人们按照古老的传统消遣和娱乐。这座“活人博物馆”自从 1974 年创建以来，已经接待 2000 多万客人。

波利尼西亚文化中心

蒋建国

这座 1963 年建立的文化中心，早在夏威夷王朝时期，曾是流放犯人的地方，以后成为无人居住的洼地。1850 年摩门教徒从美国犹他州盐湖城来到夏威夷，买下这片地，办起摩门教区。后来为使更多的南太平洋地区青年学习教义、保护传统文化，又办起学校和文化中心。目前，这座文化中心，由来自夏威夷、萨摩亚、塔希提、汤加、斐济、新西兰、马克萨斯 7 个太平洋岛屿上的波利尼西亚人分别组成 7 个村庄，通过村民的日常生活，反映他们原居住的 7 个岛屿的文化传统与风土人情。

文化中心占地 42 公顷，自然地理条件得天独厚，没有大都市工业的公害污染；由于受环境影响，常年气温在摄氏 21 度至 29 度之间，气候宜人。中心依山傍水，各种热带植物郁郁葱葱，高高的棕榈树和松树耸立在整洁的环形道路两旁和各种建筑设施四周，花圃和碧绿如茵的草地点缀其间。蜿蜒曲折的人工湖把中心巧妙地分割成 7 个自然区，代表波利尼西亚文化的 7 个村落。各村落的建筑设施均保持本民族几百年前的传统风貌。村落之间由假山相隔，山上松柏挺立，瀑布鸣响，常青藤盘绕。一座座小木桥横跨湖上，又把各村落联系成一个有机整体。中心所展示的一切都从不同侧面反映了波利尼西亚文化特色，即使是为满足游客生活需要的各种现代化服务设施，也都带有当地人的色彩。漫游此境，真是步移景换，美不胜收。

这里各个村庄的房子，造形各异，有圆有方。屋顶和围墙，均由茅草建成。游人可坐独木小舟，穿行于花香鸟语的村落之间，身穿拉瓦拉瓦的小伙子们，一边划船一边作幽默风趣地解说，观众会在笑声中度过难忘的半小时。电瓶车把客人带往杨伯翰大学分校、钓鱼胜地忽基拉和雄伟壮观的摩门大教堂等处参观。村口路边，工作人员微笑着迎送过往客人。在各村落里，专家们一一回答着游客的问题。宾客至上，真诚服务，是主人们的座右铭。

在文化中心，游客会被许多活动所吸引。汤加村里，婀娜多姿、秀发披肩的少女表演制作桑皮服装的全部过程。萨摩亚村中，体格健壮、身手轻捷的男青年，表演攀登高高的椰树、采摘椰子的高超技艺。夏威夷村，颈上带着夏威夷花环的妇女，编制衣服、编结织品，展销手工艺品。有的波利尼西亚人介绍各自制作的民族乐器；姑娘们手执花环，翩翩起舞，乘船沿河做游行表演；同舟的小伙子们则佩刀披甲，扮演各岛部族首领们的英武风姿。

观众们在树荫下，可以欣赏当地艺人弹奏新颖悦耳的夏威夷吉他曲，请姑娘们唱一支婉转动人的情歌，品尝一块当地传统的芋头饭，喝一杯自制的卡瓦酒；也可根据自己的兴趣和爱好，穿上草裙，学一学塔西提人热情奔放的坦姆蕾舞，试一试抒情缠绵的呼拉舞。在专家的耐心指导下做一顶汤加式遮阳帽，坐在大厅尽情享用波利尼西亚的传统佳肴，这些都别具风味。

夜幕降临，新月初上，四周篝火燃起，歌手和舞者开始演出民族传统舞蹈，身着土著服饰的老人讲述他们祖先的历史和传奇故事。热情豪放的歌舞，娓娓动听的乐曲，诙谐欢乐的笑脸，浓烈馥郁的海岛风情，再现了马克·吐温、杰克·伦敦曾描绘的南太平洋各岛国的奇风异俗。

东非大裂谷风光

洪 湖

飞机越过浩瀚的印度洋，进入肯尼亚境内赤道上空。当你从舷窗向下俯视，隐约地看到那云层中熠熠闪光的肯尼亚山雪峰和地球上那个硕大无朋的“刀痕”——东非大裂谷的时候，便会产生一种惊异而神奇的感觉。

东非大裂谷形成于约3000万年以前，从南部非洲的莫桑比克穿过阿拉伯海一直延伸到贝加尔湖，而在肯尼亚及东非其他国家的这一段裂谷，当年地壳运动和地质变迁所留下的痕迹最为明显，故称“东非大裂谷”。终年白雪皑皑的肯尼亚山，位于肯尼亚中部，海拔5199米，是裂谷中最大的一个死火山，也是非洲第二高山。

肯尼亚境内这段裂谷宽50～100千米，深450～1000米不等，纵贯南北，把这个国家一劈两半，正好与赤道相交，故肯尼亚也有“东非十字架”之称。裂谷东北部和西北部是一望无垠的半沙漠地带，海拔300～350米，气候干燥炎热，而中部、西部和南部，则是海拔2000米以上的亚热带森林高原，气候温和凉爽，雨量充足，山青水秀，物产丰富。这里既是肯尼亚大宗出口商品——茶叶、咖啡、水果、除虫菊等重要经济作物的产区，又是肯尼亚的“粮仓”、“糖带”和牧区。裂谷两侧山峦起伏，筑起东西两垛“高墙”，首都内罗毕就坐落在裂谷南端的东“墙”之上。

从内罗毕驱车沿着裂谷之墙的“绿带”西行、北上，沿途一派非洲的乡村风光：洋铁皮屋顶的农舍掩映在香蕉林中；妇女们身裹彩布，头上顶着盛水的葫芦；小镇的露天市场上挂着条条花布，琳琅满目；公路的两侧货摊上挂着一块块的羊皮板，摆着各种木雕、编织物等手工艺品，箩筐里放着新鲜的香蕉、柑橘、菠萝、芒果等热带、亚热带水果，那多汁可口的梨子、李子、桃子等我们熟悉的温带水果却又使我们想起祖国的江南水乡。

树顶夜宿观奇兽

肯尼亚山的西南面，在尼安达鲁瓦山脉茫茫林海中的野生动物园，有一个别致的建筑，那便是闻名于世的“树顶旅馆”，因房屋盖在一棵大树顶上而得名。许多游人慕名而至，一宿为快。

“树顶旅馆”原是英国退伍军官沃克在肯尼亚定居后，于 1932 年为狩猎和观赏动物而建造的。新建时仅有三间卧室、一间餐室和一间狩猎房。1952 年 2 月 5 日，当时的英国公主、现在的英国女王伊丽莎白二世及其丈夫菲利浦公爵曾下塌这里欣赏野生动物。当天夜里，乔治六世突然去世，英国王室当即宣布伊丽莎白公主继位。6 日清晨，伊丽莎白就返回伦敦登基。人们说伊丽莎白“上树时还是公主，下树时便成了女王”。此后，“树顶旅馆”也就有了名气。

这个旅馆在一次森林大火中烧毁，1954 年又在原址的对面盖起了一座新的较大的旅馆，这就是现在的“树顶旅馆”。我们曾在那里投宿一夜。中午时分，游客们先在中央省省会尼耶里的一个“套马车”旅馆集中，放下行李，然后“套上马车”（从前坐马车，现在乘旅游汽车）在手持猎枪的欧洲人向导带领下向“树顶旅馆”进发。旅游车在山梁的林间小路上缓行，不时会遇到穿越公路的狒狒、大象、长颈鹿和羚羊，好像是前来迎接我们一样。约摸过一个小时，车子在一个山脚停下，向

导请游客下车，并宣布几条安全注意事项，然后整队上山。步行一二百米，写着“树顶”两字的牌楼和掩映在绿树丛中的旅馆建筑便展现眼前。

这是个约有四层楼房高的二层楼建筑，系木质结构，搭在许多株大树的树干上。底层离地 10 多米，树干、树桩之间保持一定距离。野生动物可以自由穿行。我们看到，不少做房柱的大树今天依然枝叶繁茂，有的穿过楼板或房间还继续生长着，给旅馆增添了生气。旅馆前面有一个大水塘，供动物饮水、洗澡之用。水塘周围是一片盐土沼泽地，这是给动物准备的“食盐”。我们在向导指引下，沿着室外螺旋式的单人木梯，手扶栏杆，一级一级地向上攀登。楼梯是围着一棵大树盘旋的，因此给人以上树的感觉。

旅馆有双人卧室 38 间，还有一个餐厅、两个长廊式的酒吧间，屋顶是个大平台。傍晚，成群的大象、野牛、犀牛、角马、羚羊、野猪等野生动物便开始陆续汇集到水塘和盐土地来，它们或吮舔盐土，或在塘边饮水、吃水草、下池戏水，或相互逗耍、追逐、打架……不断地发出哞叫声、咂嘴声、呼吼声。喝足、吃饱，玩够了，它们又各自姗姗回到大森林去。游客用完晚餐，手拿饮料，站在平台或酒吧间的长廊里，凭借明媚的月光和柔和的灯光，居高临下，兴致勃勃地观赏动物世界的千姿百态，度过一个难忘的夜晚。

林海荡舟赏珍禽

与“树顶旅馆”相距数十千米，在浩瀚的亚热带森林中还有一个新建的“方舟旅馆”，它是模拟《圣经》上希伯来人族长诺亚乘坐的“方舟”而建造的。肯尼亚人称它为“森林之舟”。

旅馆坐落在群山环抱的一个小山岗上，四周是浓荫蔽日的丛林和峡谷。旅馆长约 200 米，高 20 余米，首尾呈尖形，头高尾低，微微上翘，烟囱隆起，形似古代航船。内部设计也颇具匠心：分上下两层，全是木结构，卧室设在底层，好像船舱；上层左右两侧的长廊好像船舷，盥洗室设在头部中央，形如轮机房，“船”头、“船”尾都留有“甲板”。山风吹来，掀起阵阵林涛，远远望去，真像一叶孤舟在碧波大海中飘荡。到这个旅馆去，要穿过一片密林，在一峡谷边停车，然后通过峡谷上架设的一座木桥，踏上旅馆的“甲板”，桥下流水潺潺，就像走在上下船的跳板上一样。

晚饭后，游客聚集在“船舷”或“甲板”上，透过大玻璃窗，观赏近在咫尺的野生动物。这里除大象、犀牛、野牛等“常客”外，偶尔还能见到栗色带乳白色条纹的一种稀有的非洲羚羊，它长得比普通羚羊肥胖而漂亮，容易引起游客的兴趣。已是午夜1点多钟，我们被一阵突然的欢笑声惊醒，来到“甲板”一看，原来是一对斑纹羚羊在池边饮水，它们一会儿低头饮水，一会儿抬头警惕地东张西望，动作斯文，显得有些腼腆，饮完水缓慢地回到森林里去了。

咸水湖中看小鸟

从内罗毕驱车西行，经过九曲十八弯的夸瓦沙地段，越过一座山头，前面突然空旷起来，路好像到了尽头，原来是来到一个陡峭如刀切的悬崖。断壁近乎垂直，高达600米，深谷宽阔，一望无垠。我们走下汽车，傍倚铁栏杆向下眺望．谷底盆地宛如一只大蒸笼，大大小小的火山锥就像屉上一个个黑褐色的荞麦面馒头。夸瓦沙西南面有一座当地马赛人称之为“冒烟之山”的梅宁盖火山，据说十多年前山顶上还冒过烟。我们穿过稀疏的树木、茅草地，约一个小时就登上这座海拔2277米的火山锥，站在山顶，见到一个深达千余米、方圆35平方千米的火山口，上面覆盖着红褐色的火山熔岩，四周和底部几乎光秃秃，没有一株大树，只长着零星灌本和茅草。下山时大家拣回几块熔岩留作纪念。

裂谷盆地中有7个较大的浅咸水湖，闪光的湖水和绿色的山峦交相辉映。在肯尼亚西北部半沙漠地带的图尔卡纳湖海拔300米，面积6405平方千米，深处达120米，是裂谷中最大的一个湖，也是当今世界上最大的咸水湖之一。湖水清凉，海中小岛上长满翠绿的草丛，是鳄鱼的“极乐世界”。裂谷南部，在“除虫菊都城”纳库鲁市东商，有一个海拔1900多米、面积50平方千米的“红鹤之家”或“水鸟展览会”，那便是纳库鲁湖。这里聚集的水鸟据统计多达400种，其中红鹤（火烈鸟）最多时曾达到200万只，鹈鹕9000多只。湖周树林中还有50种野生动物。驱车前往，远远望去，湖的边缘像绣着一圈粉红色的宽带，原来这是成千上万只小红鹤（红鹤的一种）在浅滩上争相觅食。湖中深水处那一团团红点就是长脚大红鹤和丹顶鹤在捕食鱼类。嘴长、羽白的鹈鹕喜欢自成一群，看上去白茫茫一片。而黑羽白颈的鹭鸶则站在湖中枯树杆上，好像正机警地等待着猎物。整个湖面上红白黑三色相间，甚为美丽。有时部分水鸟受惊起飞，大批大批的红鹤、丹顶鹤、鹈鹕、鹭鸶便会不约而同地一起展翅飞翔，转移到湖面另一个安全地带去，转移中的水鸟像片片飘浮的彩霞，极为壮丽。

博物馆内吊古人

大裂谷断层，露头多，火山熔岩中珍藏着大批古人类、古生物化石，对地质学、考古学、人类学的研究颇有价值。这里是人类发源地之一。

已故肯尼亚籍英国人、人类学家路易斯·利基博士在这一带发掘出180万年前“东非人”化石以后，1972年，其子理查德·利基又在图尔卡纳湖畔库彼福勒地区发掘出一个古代直立人的头盖骨化石、90具史前人遗骨化石和数百件石器化石，经钾氩放射法测定，这些化石距今约有260万年，是当今世界上发现最早的直立人化石，比“东非人”早

80 万年。出土化石为研究人类起源提供了新的宝贵资料，引起各国考古学家和古生物学家的浓厚兴趣。

肯尼亚南部、马加迪盐湖附近的奥洛戛萨里是旧石器时代化石遗址之一。在一片荒原上有一间非洲茅屋，这不是住家，而是一个小小的博物馆。馆内保留着 20 世纪 60 年代发掘出的 40 万～50 万年前的旧石器时代遗址及旧石器时代石器原件，用铁栏杆围着，供游人欣赏。这些考古的新发现令人感叹不已：这个长期被掠夺、被摧残的非洲大陆恰恰是人类的重要发源地之一。

堪培拉自然野生动物园

张颂甲

在澳大利亚首都堪培拉西南 40 多千米处，有一座自然野生动物园。它位于几座不高的山之凹地，四周有铁丝网围绕，其中有几个山场。每个山场都有山有水，有林有坡，并有公路穿行。野生动物分别生活在被圈起来的山场内，每个动物区的地域都非常广阔，大约有几百公顷。各种动物在园内自由自在地生活，各有各的领地，互不干扰。这里的动物全是澳大利亚最有代表性的珍禽异兽，如袋鼠、鸸鹋、树袋熊等。

地质史上，澳洲大陆与其他大陆长期处于隔绝状态。因而澳大利亚生物演化的过程，与其他各洲有所差异。原来这块大陆上，一直没有虎、狮、豹、狼等凶猛动物，大多数动物都较为温驯，各种动物在这里和睦相处，一些异常珍贵的动物得以安然保存。

乘车进入动物园不久，便会发现山坡上下有不少鸸鹋在缓缓行走。鸸鹋的个头、大小和形态都类似非洲鸵鸟，长着一对大翅膀，却不会飞，两条腿又长又壮，每小时能跑四五十千米。鸸鹋全身披着褐色羽毛，头顶上竖着一撮黑毛，以食昆虫和野草为生，也喜欢吃野果。凭仗 1 米有余的身高，纵身一跳，就可以用嘴摘下树上的果实。雌鸸鹋每次生蛋 10 个左右，在地面造窝孵化，七八十天小鸸鹋就破壳而出了。它们生性驯顺又聪明，经过训练可以看家或看管羊群。主人不在家时，只要有鸸鹋守门，生人休想进来。成千上万只绵羊逐水草而行，如果有几只跑散了，鸸鹋会跑过去把羊赶回来。澳大利亚是个缺少劳动力的国家，有些牧场主就把鸸鹋训练成为忠实的助手。

驱车深入动物园的腹地，便见成群的大小袋鼠聚在一个山丘上。袋鼠是著名的澳洲特有动物，常用作澳大利亚的标志。但是现在已繁殖得数量太多，全国有三四千万头，比全国人口还多一倍以上。

在地球上的动物中，很少有像袋鼠那样奇怪的了。它们有的小如老鼠，有的比人还高；有的会跳，有的会爬树。袋鼠面貌和善，腿部肥大，但无论跳远、跳高或拳击搏斗，动物中均罕有其匹。它们生下来只有蚕豆那么大，但很快就会长到比人还高。怀胎的雌性袋鼠能够保藏胚胎达数月之久，等到一切环境适宜时，才让它继续成长。澳大利亚有56种袋鼠，最普通的袋鼠是大型的灰袋鼠和棕袋鼠。它们的后腿都非常发达，能以每小时25千米的速度在田野飞跳，必要时还可以加速一倍以上。灰袋鼠善于跳高，它经常轻松地跳过2米多高的篱笆。棕袋鼠则擅于跳远，它在平地上往往一跳就是7米。

袋鼠的性情比较驯顺，生活在保护区的袋鼠，懂得向游人乞讨食物。野生袋鼠也会走进人家的庭园，等候人们施舍一些青菜和水果。它们从不伤害其他动物，但有时会伤害农作物，因而引起农民的厌恶。

在这座野生动物园的深山里，隐蔽着最珍贵的稀有动物——树袋熊。它的珍贵并不逊于中国的熊猫，其生性非常温顺。树袋熊身长只有五六十厘米，平均体重9000克，全身长满厚厚的绒毛，两只大而圆的耳朵，一对黑溜溜的小眼睛，配上一个黑色的小鼻子，娇小肥墩，憨态可掬。模样非常可爱的树袋熊繁殖缓慢，雌树袋熊隔年才生一只小树袋熊。平时生活在树上，白天总是睡眼惺忪地抱着树枝睡觉，好像永远睡不醒，夜晚才四处活动。

雀 墩

黄蒙田

第一次到广东新会旅行的人都要到雀墩去看看，虽然他们到这个小城来要看的有着头等意义的东西很多，而且在他们原先的旅行计划中，也不一定把它列入日程表之内。我不知道别人的感受怎样，我总觉得，在离开这个小城之前到雀墩一游，会使这次原是非常丰富的旅行留下更为美好的印象。

如果你事先并不知道有这么一个地方存在，或者你身边没有作向导的朋友，在环城的林荫道上走过，不会觉得这里有什么特别，尤其是来的不是时候——如白天的下午。在路边望去，也许你以为那只是天马河畔的一丛茂密的榕树林；从远处望去，你又以为那不过是一个浮在河上的小小的绿洲。这没有什么奇特呀！自然界的事物有时候是平凡得简直无法引起你对它注意，可是，如果你在它周围像对待一件艺术品一样去发掘它的奥秘，如果你和当地久远的风土、生活和传说联系起来．如果你来得正是时候——譬如在晨光曦微和暮色苍茫中，就会不胜惊喜地看到，这平凡的所在有着多么丰富的内容啊。

我们对梧树很熟悉。在南方的乡村，到处都可以看到古老的榕树又浓又密的树荫。不过天马河畔的榕树却和我们惯常所见的并不相同。我从来没有看见过一丛如此低矮、面积如此广阔的榕荫。它占据了1公顷地，四面环水，这就难怪在远处看去像是浮在水上的绿岛了。榕树是周年常绿的，此刻一片嫩叶铺在表层，觉得它更绿了。树枝向四面八方伸展，向河面垂下来。南方人都知道，榕树有许多气根；气根是由树枝上垂下来，随风飘荡着。这里榕树的气根一直发展到水上、钻到泥土里，而且就像一根根小榕树一样生长起来。如果你有机会划着小艇从河上游过，拨开垂到水面上的榕枝和叶子，就会发现里面的枝丫和气根交错得非常复杂，这时你向自己提出的问题是：到底这座榕荫是几棵榕树构成的呢？对于外地来的旅客这是一个难以正确了解的谜，但是当地朋友的回答却使你感到惊奇：那里从来只有一棵榕树。更确切地说，偌大的榕树林就是一棵榕树发展而成的，虽然你怎样也无法找寻到它的主干。没有人知道这棵榕树从什么时候开始生长起来的，可以肯定的是，它活着的年代比这里的人的前几代还要早。

不知从什么时候开始，有数目无法数得清那么多的鸟儿，选择了这座榕树林作为自己的家。它们不是过客，虽然它们的祖先是夏季南来的候鸟。它们“落户”在这儿，一代又一代地生长下去，这一片榕林就成了它们永久栖息的家园。

当然，环境这样优美的“绿岛”，对于鸟儿是一个强烈的引诱。这儿有成群结队而来的白头翁在枝头跳跃，有画眉在树顶高歌，还有一些不知名的鸟儿在这里欢聚。但它们都是过客。也许是贪图这片宁静的榕林绿得可爱，或者偶然经过在这儿歇歇脚，却从不会在这儿“落户”。这里“落户”的主鸟实际是白鹤和灰鹤。我不知道为什么没有鹤以外的杂鸟在这儿营巢，我不能不想到古人对这种“仙禽”的看法：鹤是高洁的，它不喜欢和“凡鸟”为群。可能是为了生活习惯上的方便，它们便聚集在这座榕林里建立起自己的王国。

虽然白鹤和灰鹤同是属于一个家族，但是它们不同的生活方式决定了彼此遵守的规则：前者早出暮归，后者却是通宵工作。而这也就构成了这座榕林每天朝暮两种不同的境界。

每天，晨光曦微的时候，榕林里一阵骚动，飘荡着咿咿呀呀的鸟鸣声。那些羽毛基本上是洁白的白鹤，经过了一夜休息，现在精神饱满地从榕林里钻出来了。在榕林上，它们在振翼徘徊，在回旋飞舞，在轻轻地飘翔。古人有训练白鹤作鹤舞的，然而这是天然之舞，是每天生活的前奏。我说，这样的鹤舞不是比人工训练的更美么？有些站在树梢，伸长了脖子，向远方瞭望，也许它们在思索今天将要到哪个方向的沼泽去，因为另一个方向沼泽的鱼虾和小虫昨天已经搜索净尽了。如果你是个画家，此刻也许会想到这个“鹤望”的姿态最足以表现它的性格．于是你想起古人“昂昂然之如野鹤在鸡群”那样的话，虽然这话的意思是不足取的。

可能是白鹤有一种默契，也可能是它们发出一种人类无法了解的信号，它们在榕林上来回兜着圈子，本来是长长的嘴和颈现在伸褥更长了，双脚放松了像吊在肚子和尾巴之间，向着远方飞去了。也就在这个时候，经过一夜辛勤工作的灰鹤，又先后飞回来了。它们在榕林上空略作回旋，可是它们实在太疲乏了，很快便钻到榕林里去。它们各自回到家里，那些雏鹤正等待着母鹤带回小虫呢。榕林又归于静寂，除了偶然有一群杂鸟经过在这儿停留一会，歌唱一些时候，此刻我们只能想像，那些灰鹤已经进入了甜蜜的睡乡了。

灰鹤，如果我们提到它在南方的俗名叫夜游鹤，这样知道它的人就多了。正如它的名称那样浅白，这种鸟是在夜间出现的，不过并不是在夜晚出来游荡，而是它的生活条件和习性适应在夜间觅食。那意义正如白鹤在白天出外一样，这是两种相反的生活方式。在农村居住过的人，即使晚上不曾看见过夜游鹤，也一定听见过它的鸣声。小时候在乡下，夏夜在庭院里乘凉，有时静静的夜空突然传来连续几声夜游鹤的叫声，如果是月夜，说不定还会看到远远有三五个黑点划空而过。然而大多数时候是看不到的。虽然听见叫声，实际上却距离很远。古人对灰鹤的生活观察很深刻，有一句话说，“鹤鸣九皋，声闻于野”，据说四五千米路以外也可以听到。夜游鹤的鸣声何以这样嘹亮呢？莫非是夜空过分的清静么？当然这也是原因，但也有属于它生理结构上的因素。你是知道的，鹤颈很长，这就是说，它的气管也很长，而且还在胸部弯曲着，就像喇叭那样，它的共鸣作用使鸣声既响亮，也送得远。不过，小时候在万籁无声的夜里，特别是阴雨之夜突然听到它鸣叫，不免感到有点凄凉。虽然夜游鹤可能是出于生活的欢乐而歌唱，而人们之有这样的反射，却是由于黑夜的环境引起的。当然，还有属于人们感情上的原因。

这样一直到日落黄昏，白鹤回来了，灰鹤夜游去了，就像是日夜两班按时交接班一样。它们轮流出门，轮流守卫着它们共同的家。

我不知道别人用怎样的心情对待这座雀墩。到了这一类地方，我总爱打听关于它在民间的传说。事实上这些为人们普遍爱护的地方，一定有一些神话传说。雀墩也不例外。传说，明代景泰年间，当地的农民开凿了雀墩旁边的一条河道——天马河。不幸得很，天马河挖成了以后的某一年，那一带遇上灾荒，那些掌握着土地的地主找到了借口，认为挖河是不吉利的，灾荒便是后果，因此要堵塞它。他们强迫一位农民用小艇载满了泥土，运到天马河上，要凿沉船身，让小艇沉到河底去。沉船之夜，雷雨交作。风雨过去了，那位农民被风浪卷走，只剩下一根撑船的竹篙插在河面。不久之后，这根竹篙忽然变成了一棵有生命的植物，它就是榕树。人们对那位兄弟的失踪感到非常悲愤，他们由怀念他而转移对这棵榕树有了深厚的感情。仿佛它是他的化身，把它当作“神树”一样对待。每个人打树下经过，都自动挖一点肥沃的河泥盖在树脚，这是对“神树”也是对自己的兄弟表示一点心意。有一天，榕树上忽然飞来了一只白鹤。人们说，这只美丽的白鹤看到农民们对那位兄弟深厚的感情，受了感动，不肯离去，还引来一群白鹤，帮助人们衔来肥料和泥土，让榕树得到更好的营养。后来日子久了，榕树长得很茂盛，婆娑的枝叶占的面积逐渐广了，而居

住在榕树上的白鹤也一代一代的繁衍下去。从此以后，人们敬爱栖息在榕树上的鹤，认为它们是“仙鹤”，彼此约束，不得伤害，保护它们在榕树上安居。这就是后来的雀墩。

这是美丽的神话传说。这神话传说使我们在欣赏群鹤蔽空时想像得更多，雀墩这自然景色给予我们的内容也更丰富了。

人们也叫雀墩为“小鸟天堂”。但是长久以来，当地人还是按照老习惯叫它雀墩。他们了解，在那些日子，那些白鹤和灰鹤还不能说自己栖息着的就是真正的天堂。大家都知道，鹤是长寿的涉禽，在旧时代的那些白鹤和灰鹤很可能有些活到今天。这样说，在那棵老榕上栖息的鹤是经历过两个不同的时代了。如果说雀墩上的鹤能用语言表达出它们的遭遇，那真是一件有趣而又有意义的事情。你也许会说，作为一只涉禽，对于两个不同时代的感受恐怕没有什么分别；但是我说，两个不同的时代对它们的待遇却有很大的不同。在过去那些日子，虽然说人们互相约束不损害它们，但遵守的只限于敬爱这些“仙鹤”的农民。那些带着猎枪的过客，还不是一样对准了在树顶回旋飞翔的白鹤射击么？你可以想像，农民对于自己神圣视之的白鹤受到损害是多么悲愤。那些灰鹤受到人们的骚扰和袭击是习以为常的。当它们经过一夜的劳作而酣睡的时候，突然有些恶作剧的人抛过来一连串的石头，或者燃着一串炮竹丢到树林里去，虽然按照鹤的性格说它们是十分警觉的，但对这突如其来的侵袭也不免要大吃一惊。于是拍翼离巢，仓皇起飞，群鹤布满了榕林上空。灰鹤此刻的心情是可以想像得到的，它们痛恨那些恶作剧的人。那些人以它们的惊惧和不安换得了一阵欢乐，甚至认为这情景蔚为奇观。你说，这哪里是“天堂”？

不过，雀墩上的白鹤和灰鹤，今天终于在这座榕林享受到真正天堂的待遇。人们并不是为了它们是神鸟，是仙鹤，而是让它们按照自然的规律自由自在地生活着。总而言之，是让它们像真正生活在自然中间来点缀着自然景色。现在，在天马河畔，在雀墩对面的位置建了一座公园。人们可以坐在亭子里凭栏欣赏对岸小鸟天堂的景色，欣赏那些白鹤和灰鹤一来一去。天马河上异常的忙碌，满载葵叶和别的农作物的小艇一只接着一只顺流而下，在公园栏杆外经过。偶然有几只低飞的白鹤，在小艇上回旋飞舞。这时候我真正联想到一种诗趣浓郁的画意，呼吸到一种芬芳的生活气息。

人造的“诺亚方舟”

刘寒辉

一艘人造的“诺亚方舟”，建立在美国亚利桑那州的大戈壁滩上，占地面积有3个足球场大，是一座钢和玻璃结构的巨型建筑，其中划分为：人造海洋、沼泽、带瀑布的热带雨林、草原、沙漠、家畜和植物区、研究人员居住区。这个全封闭的实验宇宙舱，科学家利用它的自我循环，模拟一个行星生存环境，相对于“生物圈1号”（地球），称为“生物圈2号”。它里面有3万吨泥土、20万立方米空气、455万升海水和91万升淡水，是一个全封闭的巨大温室，高26米，容积1400万立方米。

生活在“生物圈2号”中的4男4女8位科学家在1993年9月26日结束了为期两年的实验，走出他们那个占地约10公顷的人造小世界，出现在记者和观众面前时，人们欢呼起来。8名实验者之一的马克·纳尔逊兴奋地说：“一些人认为这是不可能的，但我们今天走了出来，而且很健康，很快乐！”

1991年9月26日，来自美国、英国和比利时的8名科学家开始了这一“世纪实验”，其目的是探讨如何建立一个供人类生存的人工生态环境，为人类将来移民火星或其他星球创造条件。两年后，他们第一次呼吸到新鲜空气，显得格外高兴。英国的莎莉·西尔弗斯通是这次实验的两位队长之一，她与7位队友一起共事8年，又一起进入“生物圈2

号”，重返红尘时，足足瘦了9千克，胆固醇的水平只及少年人，但经过一段时间后，看上去气色很好。记者问她在离开“生物圈2号”之际感想如何时，她说：“当我那天早晨最后一次在‘生物圈2号’内散步时，喉咙仿佛堵了一块东西……我给羊挤了最后一次奶。给鸡喂了最后一次食，在房间里最后一次观看了日出。”

参加这项研究的2号人物阿比盖尔·阿林说：“这是一种异乎寻常的挑战，这是人类在地球生物圈以外维持生存所走出的第一步。”在要回“生物圈1号”（地球）之际，阿林说：“临离开时心情很复杂。一方面很高兴又能见到亲友，可以出去散步购物，另一方面我对于清晨在这样美丽的建筑物中醒来的感觉恋恋不舍。”

小地球里面设计了不同的生态系统，它们分别由不同的生物群落构成，其中有几个区域大致模仿了几百万年前的地球和现在火星上的一些条件。阳光透过玻璃钢罩，可以使里面的绿色植物进行光合作用，把周围的无机物变成有机物，使二氧化碳变成氧气，满足在生物圈里面生活的动物和8个人的需要，而人和动物的排泄物和呼出的二氧化碳，又可以满足植物生长的需要。

生物圈内有3800种动植物，其中一些已在过去的两年中死掉了。整个系统有120台水泵、200台电动机和25台空气处理机，空气、水和垃圾场处于循环运动之中。动力来自外面的3台发电机。与外面的通讯是通过同附近一个控制中心相连的电话和计算机进行的。此外，里面还装有2500个传感器和一些控制系统，以监测和调节“生物圈2号”。

当初的想法是，让这个密封而又与世隔绝的“生物圈2号”的“居民们”——4男4女以及3800种动植物通过重复使用里面的空气、水和营养物而能够生存下来。这本身就是一项惊人的工程技术，因为它依靠的是先进的电子设备、大量的能源投入，以便对这个巨大的温室里的温度和湿度进行控制。

事实上从一开始，“生物圈2号”就成了地狱而不是天堂。“生物圈

2号”人必须自己干一切事情，从宰杀动物到采摘咖啡豆以至维持复杂的抽水系统和电脑系统。

“生物圈2号”人的任务是艰巨的。在8名生物圈成员于1991年9月被“关进”巨大的温室执行为期两年的“使命”后不久，他们的电脑就开始报告说氧含量下降。到1993年1月，“生物圈2号”大气层里的氧含量从21%降到14%，里面的居民就好像生活在比马特峰还高800米的高山顶上，由于空气稀薄他们工作起来很累，以致于这个项目的经理们不得不决定从外面向里面输入氧气，尽管这样做违反了当初的计划，但它使实验得以继续下去而又不损害那8个人的身体。

与此同时，生物圈的居民们又遇到了自己种的粮食不够吃的问题。由于里面的光照低于原先预料的水平，他们种的庄稼遭受害虫的侵袭，结果没有达到预计的产量。一些人开始消瘦下去，其中一个人的体重从260磅下降到150磅。有人提出开垦大草原以扩大耕地增加粮食。他们常常处于半饥饿状态，经常希望能吃上巧克力。成员中还因为食品被盗而互相怀疑。

生物圈里动植物“居民”的命运就更糟。带进去的25种脊椎动物只有6种活下来了。绝大多数的昆虫都死光了，其中包括蜜蜂、蜂鸟以及其他传授花粉的昆虫。这就意味着许多植物品种由于不能授粉繁殖而死亡。然而有少数几个物种在新的环境下却生长旺盛。藤蔓植物生长很快不得不经常修剪。小而黑的蚂蚁常常排成长长的队伍沿着钢结构爬来爬去，蟑螂和纺织娘几乎到处都是。来自哥伦比亚大学和亚利桑那州大学的科学家们仍在研究蟑螂和纺织娘泛滥成灾的原因。

原本要成为伊甸园的“生物圈2号”却变成了一场噩梦，圈内的大气变酸，海水变酸，农作物种植失败，很多物种死去。在幸存的物种之列的蚂蚁，却多得难以计数。

这个巨大的温室结构如今即使没有人在里面居住，仍然令许多游人向往。原来供生物圈人生活的部分已经用玻璃把它和其余的部分分隔开来，改造成为一个博物馆。当你来到这个原先被叫作人类居住区的地方的时候，你可以坐在生物圈人用餐的大理石桌边，你还可以参观他们的浴室，看看他们当年是如何用手握式喷水器代替卫生纸的。

目前，又一组新实验者将进入“生物圈 2 号”，为期一年。候选者已投入训练之中。据悉，实验投资者想以此来了解如何建造一个能在月球和火星上存在的自给自足的世界，为未来的太空移居地的植物、动物和人类提供生存和居住的条件。

科学家预言，人们将在 30 年多一点，甚至更短的时间内，到邻近的星球上再造诺亚方舟——“生物圈 2 号”。

加拉帕戈斯群岛在哭泣

佚　名

人们议论说，一只巨龟现在还活着，它赶得上达尔文了，因为这些爬行动物已经有 200 岁了。达尔文是在 1835 年登上加拉帕戈斯群岛的，时年 26 岁，他是作为一位博物学家登上费茨罗伊船长的“贝格尔”号英国皇家海军考察船的。是这里的巨龟使这座群岛有了加拉帕戈斯这个西班牙文名字。巨龟在草地上爬行，龟背呈灰黑色，脖子有褶皱。达尔文在这里看到了各种各样的动物种群。

“贝格尔”号考察船在大海中航行，它驶向一个又一个岛屿，博物学家则在这里见到了令人惊喜、令人意想不到的一幅幅景象。考察队登上的每一块陆地都栖息着一种雀类，这些雀类的体态特征和生活方式各不相同。达尔文在思考为什么这些雀类会有如此的差异。他明白了一个问题：植物和动物都是在环境的影响下进化的。他们都受制于环境的“铁的法则”——适者生存。

2001 年，岁月流逝，但巨龟依旧在。海狮在随浪逐流。海狮非常聪明，他们喜欢玩弄游客的眼镜、照相机或他们的便鞋。海狮把鬣蜥当玩具。鬣蜥在岩石上晒太阳时，总喜欢不停地摇头，这是它们相互交流信息的方式。岛上各种动物及周边海域海洋生物的存在使该岛堪称“进化论的实验室”。

这么多的资源必然使人类心动。在木帆船时代，船只在这里停靠，为的是捕捉巨龟。如今尽管巨龟受到了保护，但情况更糟了。这些岛屿忍受着人类带来的这些恶果。2001 年 1 月油船倾覆造成的漏油已向世人发出警告。

从加拉帕戈斯群岛既可以看到地球所遭受的一切侵害，也可以看到是什么在威胁着地球，同时也给人类带来了威胁。在博物学家们眼中，这些岛屿是他们梦想中的地方，是一个奇迹般美丽的地方。这里是厄瓜多尔的国家公园，它是 1959 年建立的，占群岛总面积 97%。总之，这是一块胜地，已被联合国教科文组织列为“世界文化遗产”。达尔文基金会也是 1959 年建立的，该组织的生物学家负责这里的保护工作。但这片土地以前被人类忽视，现在在人类取得成就的同时，却遭到了破坏。

旅游者纷至沓来。他们来这里观赏动物，这些动物都不怕人，它们悠然自得地让人们拍照、摄像。海象的动作引人发笑。海鸥在啄食游客吃剩下的残渣。鬣蜥摇着头……美国人、欧洲人、亚洲人、澳大利亚人，或乘坐大型海轮，或乘坐包机来到这里。通往这里的首次商业飞行始于 1975 年，1986 年这里建成了第二个机场，第三个机场是 1995 年建成的。这些旅游者要住豪华饭店，这里需要的饮用水是用货轮从厄瓜多尔运过去的，因为加拉帕戈斯群岛的淡水极少。

1975 年，来这里的季节性游客只有约 1 万人，到 2000 年，游客人数达到 7 万人。这些尊贵的游客租用小艇到各个岛屿游览。1975 年这里共有 20 艘小艇；现在已达上百艘，而且吨位也比以前大了，因而污染也就比过去严重了。如此大量的游客涌向此地，对当地环境造成了破坏，尽管游客表示他们会注意保护环境，但实际情况远非如此。有些游客打扰动物，有人不注意保持这里的环境卫生，声称自己是付了钱的。

岛上居民人数每年增加 6%～7%。1975 年，当地居民不足 4000 人，现已近 2 万人。他们直接或间接地靠旅游业为生。村庄的规模在扩大，水泥建筑物、公路、汽车在增加，还有家庭垃圾、烟尘……为了烧

火做饭，这里的居民家家砍树，主要是红树，但他们也带来了一些大陆树种，现在这里的外来树种已有500种之多，而1950年只有40种。移民还把一些家畜带进来，这给当地特有的动植物构成了致命的威胁。政府原则上是禁止引进家畜的。但实际上，人们对这些问题没法进行检查。随之而来的是大批的猫、狗、鼠以及猪、山羊和无脊椎动物等。人们在丘陵的山坡上放牧牲畜，这些动物吞噬着当地爬行动物和鸟类的蛋，与当地的动物争夺生存空间。总之，这些外来的动物正在一步步取代曾经令达尔文惊喜不已的当地动物。该群岛的水域自1986年起就已经成为一个禁渔区，当局只准渔民进行人工捕捞。但实际上，工业生产式的捕捞给海洋生态造成了极大的破坏。2000年末爆发了“龙虾战”。赚钱的龙虾……龙虾给来这里观赏海狮和巨龟的游客提供了美餐。自然生态系统是拒绝服从人们的经济法则的。

我们在这里看到的不仅是加拉帕戈斯群岛海洋资源的末日，也看到了整个岛屿的末日。如果海洋资源不存在了，那么整个世界的食物链就会垮掉。海狮、军舰鸟、企鹅吃什么呢？遭受滥捕的不光是龙虾，海里的小鱼常被发达的工业国家用来制作鸡或猪的饲料。鲨鱼被杀死，其鱼翅被用来做人们的鱼翅汤。人们大肆捕捞海参销往亚洲市场。金枪鱼、箭鱼、鳐鱼也逃脱不了非法滥捕的厄运。

（译自法国《新观察家》）

编辑后记

江泽民同志在2001年“七一”重要讲话中指出：要促进人和自然的协调与和谐，使人们在优美的生态环境中工作和生活”，这就是我们选编这部《绿橄榄文丛》的目的。旨在精选中外科普名篇，通过科学文艺形式，提高读者的环境保护意识，为“努力开创生产发展、生活富裕和生态良好的文明发展道路”尽一份绵薄之力。

我们之所以能在较短时间内，完成这部内容丰富、文字生动的关于环境知识小丛书，主要由于承蒙有关选文的作者、译者的热情支持，并且得到广西科学技术出版社和中国环境文学研究会的积极协作和相助，我们在此一并致以由衷的谢忱和敬意。

《绿橄榄文丛》选编小组